新时代乡村振兴路径研究书系

乡村振兴
与农户多维相对贫困治理

李司铎 / 著

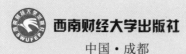
西南财经大学出版社
中国·成都

图书在版编目(CIP)数据

乡村振兴与农户多维相对贫困治理/李司铎著.—成都:西南财经大学出版社,2023.5

ISBN 978-7-5504-5760-7

Ⅰ.①乡…　Ⅱ.①李…　Ⅲ.①农村—社会主义建设—研究—中国②农村—扶贫—研究—中国　Ⅳ.①F320.3②F323.8

中国国家版本馆 CIP 数据核字(2023)第 081038 号

乡村振兴与农户多维相对贫困治理

XIANGCUN ZHENXING YU NONGHU DUOWEI XIANGDUI PINKUN ZHILI

李司铎　著

策划编辑:王　琴
责任编辑:王　琴
助理编辑:李建蓉
责任校对:高小田
封面设计:墨创文化
责任印制:朱曼丽

出版发行	西南财经大学出版社(四川省成都市光华村街55号)
网　址	http://cbs.swufe.edu.cn
电子邮件	bookcj@swufe.edu.cn
邮政编码	610074
电　话	028-87353785
照　排	四川胜翔数码印务设计有限公司
印　刷	四川煤田地质制图印务有限责任公司
成品尺寸	170mm×240mm
印　张	9.75
字　数	176 千字
版　次	2023 年 5 月第 1 版
印　次	2023 年 5 月第 1 次印刷
书　号	ISBN 978-7-5504-5760-7
定　价	69.00 元

前　言

  "三农"问题不仅关系我国经济建设、政治建设、文化建设、社会建设和生态文明建设"五位一体"总体布局的全面发展,而且是中国特色社会主义进入新时代后,解决人民日益增长的美好生活需要和发展不平衡不充分这一社会主要矛盾的突破口之一。脱贫攻坚消灭绝对贫困后,中国的"三农"工作进入相对贫困治理阶段。作为下一阶段"三农"工作的总抓手,乡村振兴要解决的主要问题就是缓解相对贫困。这种相对贫困既体现在农村和城市之间,也体现在农村内部,更体现在多个维度、多个方面。要解决这个问题,战胜这个挑战,需要精准识别出多维相对贫困这一群体,对其特征及成因进行分析研判。即在评估其规模、定位其特征、明确其诱因后,谋定启动,精准发力。

  党的二十大吹响了奋力推进中国式现代化的号角。中国式现代化是人口规模巨大的现代化,是全体人民共同富裕的现代化,是物质文明和精神文明相协调的现代化,是人与自然和谐共生的现代化,是走和平发展道路的现代化。没有农业现代化就没有中国式现代化。几亿农民同步迈向全面现代化,能够释放出巨量的消费和投资需求,极大地促进城乡经济循环。这是一项十分艰巨的任务,需要上级政府的高度重视和有力指挥,需要地方政府的体察民情和务实工作,需要诸多学者的积极探索和精耕细作,需要社会各界的关心支持和积极参与,合力在中国特色乡村振兴实践中走出一条从"做大蛋糕"到"分好蛋糕"的共同富裕之路。

  目前,乡村振兴已转向具体的实践,但乡村振兴理论研究仍囿于政策衔接机制探讨、乡村振兴具体议题的理论阐述和单一理论视域的乡村振兴解读,亟待深入开拓。本书在乡村产业、人才、生态、文化和组织五大振兴框架下,立足于巩固拓展脱贫攻坚成果、实现与乡村振兴的有效衔接,从理论和实践两个方面系统阐述乡村振兴缓解脱贫攻坚阶段未能完全消除的农户多维相对贫困问题的理论基础、内在逻辑和关联机制,并以战略要点梳理的方式对未来政策和研究方向进行展望,力求为全面推进乡村振兴阶段农户多维相对贫困治理提供科学理论和实践指导。

全书共七章。

第一章 导论。介绍本书的选题背景及意义、研究方法与数据及创新点和存在的不足。

第二章 核心概念与理论基础。介绍本书所研究的核心概念及其主要理论。即阐述了贫困、收入不均等、脱贫攻坚与乡村振兴等主要核心概念，回顾了经典经济学思想和学者关于反贫困、收入分配、可持续生计、乡村发展及共同富裕等乡村发展和贫困问题治理方面的主要基础理论。

第三章 文献综述与分析框架。对国内外有关学者针对我国"三农"发展的绝对贫困和相对贫困问题治理，尤其是乡村振兴视角下的农业问题研究进行梳理，并与我国类似的发展中国家及处于相似发展阶段的国内外实践进行对照比较。在此基础上，介绍了本书的研究对象及研究目标，构建了乡村振兴战略背景下的农户收入、能力、生态、文化和权利相对贫困问题分析框架。

第四章 乡村振兴缓解多维相对贫困的内在逻辑。基于相关理论研究，对乡村人才振兴、产业振兴、文化振兴、生态振兴、组织振兴五个方面的乡村振兴战略与农户多维相对贫困治理的内在逻辑关系进行阐述，梳理乡村五大振兴与缓解农户五维相对贫困之间内在关系的论证逻辑。

第五章 农户的多维相对贫困测度与影响因素分析。梳理了多维相对贫困测度指标体系构建，结合实际调研数据，对研究样本地区（咸宁市通山县）农户的多维相对贫困状况进行测算，并对造成样本地区农户多维及单维相对贫困的影响因素进行回归分析。

第六章 乡村振兴实践及其多维减贫效果。从经济、政治、文化、社会、生态文明和党的建设角度，对研究对象（咸宁市咸安区）的区位特征、国民经济发展状况及其乡村振兴的基础和短板进行梳理，并结合实地调研采访的案例对乡村振兴的多维减贫成效进行阐述。

第七章 乡村振兴缓解多维相对贫困的战略要点。阐述乡村产业振兴、人才振兴、生态振兴、文化振兴、组织振兴有效缓解农民收入相对贫困、能力相对贫困、文化相对贫困、生态相对贫困和发展权利相对贫困的战略要点。

目　录

第一章　导论

第一节　研究背景与意义

一、研究背景

（一）脱贫攻坚成果得到巩固拓展

中华人民共和国成立 70 余年以来，中国的发展成就举世瞩目，乡村面貌也发生了翻天覆地的变化。从土地改革到人民公社制度，从家庭联产承包责任制到"三农"改革。特别是党的十八大以来，中国特色社会主义进入新时代，在以习近平同志为核心的党中央的坚强领导下，全国上下深入贯彻以人民为中心的发展思想，坚持绿水青山就是金山银山的理念，全面深化农村改革，扎实推进农业现代化和新农村建设，把解决好"三农"问题作为全党工作的重中之重，组织推进了人类历史上规模空前、力度最大、惠及人口最多的脱贫攻坚战。2021 年 2 月 25 日，习近平总书记在全国脱贫攻坚总结表彰大会上庄严宣告："我国脱贫攻坚战取得了全面胜利，现行标准下 9 899 万农村贫困人口全部脱贫，832 个贫困县全部摘帽，12.8 万个贫困村全部出列，区域性整体贫困得到解决，完成了消除绝对贫困的艰巨任务，创造了又一个彪炳史册的人间奇迹！"①

脱贫攻坚目标任务完成后，中共中央明确设立 5 年过渡期，保持政策总体稳定，对有返贫风险的对象进行动态监测，采取有针对性的帮扶措施，防止发生规模性返贫。国家乡村振兴局表示，2022 年是巩固拓展脱贫攻坚成果同乡村振兴有效衔接的深化之年。这一年，经过各方面的共同努力，动态监测和帮

---

① 全国脱贫攻坚总结表彰大会隆重举行 习近平向全国脱贫攻坚楷模荣誉称号获得者等颁奖并发表重要讲话［EB/OL］.（2021－02－25）［2023－01－07］.http://www.gov.cn/xinwen/2021－02/25/content_5588866.htm#1.

扶机制有效发挥作用，脱贫攻坚成果得到进一步巩固拓展，守住了不发生规模性返贫的底线。

（二）乡村振兴战略实现良好开局

乡村振兴战略是以习近平同志为核心的党中央在党的十九大报告中首次提出的，并作为七大战略之一写入了《党章》，这在我国农业农村发展历程中具有划时代的里程碑意义。习近平总书记出席 2017 年中央农村工作会议并发表重要讲话，深刻阐述了实施乡村振兴战略的重大意义，向全党全国发出了实施乡村振兴战略的总动员令。习近平总书记强调，农业强不强、农村美不美、农民富不富，决定着亿万农民的获得感和幸福感，决定着全面小康社会的成色和社会主义现代化的质量。他指出，走中国特色社会主义乡村振兴道路，必须重塑城乡关系，走城乡融合发展之路；必须巩固和完善农村基本经营制度，走共同富裕之路；必须深化农业供给侧结构性改革，走质量兴农之路；必须坚持人与自然和谐共生，走乡村绿色发展之路；必须传承发展提升农耕文明，走乡村文化兴盛之路；必须创新乡村治理体系，走乡村善治之路；必须打好精准脱贫攻坚战，走中国特色减贫之路。

2018 年 2 月 4 日，新华社受权发布 2018 年中央一号文件，即《中共中央国务院关于实施乡村振兴战略的意见》（以下简称《意见》）。这是我国正式发布的关于乡村振兴战略的第一个纲领性文件。《意见》指出，实施乡村振兴战略，是新时代"三农"工作的新旗帜和总抓手，也是解决人民日益增长的美好生活需要和不平衡不充分的发展之间的矛盾、实现"两个一百年"奋斗目标、实现全体人民共同富裕的必然要求。2018 年 9 月，《乡村振兴战略规划（2018—2022 年）》由中共中央、国务院正式印发。

（三）绝对贫困消除但相对贫困凸显

我国打赢了脱贫攻坚战，是中华民族历史上第一次消灭了绝对贫困，完成了全面建成小康社会的历史任务，实现了第一个百年奋斗目标，这是彪炳中华民族发展史册的历史性胜利。但是绝对贫困的消除并不意味着贫困问题的全部解决，当前我国的相对贫困问题依然十分凸显。党的二十大后，习近平总书记到陕西延安考察时指出，"两个一百年"奋斗目标的第一个百年目标已经实现，绝对贫困问题解决了，老乡们过上了好日子，但还要继续努力往前走，让生活越来越美好。要认真学习贯彻党的二十大精神，全面推进乡村振兴，把富民政策一项一项落实好，加快推进农业农村现代化，让老乡们生活越来越红火。

相对贫困是比较中的相对匮乏状态，是一个综合而复杂的社会现象。这种比较可以是不同群体之间的比较，也可以是同一群体内部的比较。这种匮乏的表征和原因也可以是多方面的，可能是外部原因——资源分配造成的，也可能是内部原因——自身不足引发的。从社会治理的角度看，相对贫困的存在与社会经济发展阶段有关，其核心内涵是收入不平等和分配不均等。虽然我们已经全面建成小康社会，但我国目前仍处于中等偏上收入国家行列，发展的不平衡和不充分问题依然突出。党的十九届四中全会正式提出要巩固脱贫攻坚成果并建立解决相对贫困的长效机制。缓解相对贫困，筑牢扎实推进共同富裕的基石，是我国下一阶段"三农"工作的重点。

二、研究意义

（一）理论意义

中国快速的城镇化进程既带来了经济的高速发展，也带来了一些新的"三农"问题。改革开放40多年来，尽管农村依然维系着"地缘"和"血缘"为基础的社会结构，但是农村存在"空心化""凋敝化"现象却是不争的事实。农村的剩余劳动力尤其是青壮年大规模向城市转移，农民固有的生活场景被打破，"老龄化""妇孺化"现象让曾经热闹的农村变得安静，失去了原来的生机与活力。农村留守儿童现象也已成为农村严重的社会问题，凋敝落后的农村也让众多农民工面临"进不了城镇又回不去农村"的窘境。

脱贫攻坚战取得全面胜利后，站在新的历史起点上，如何看"三农"、谋"三农"、兴"三农"，是新时期要回答的时代命题。著名社会学家费孝通先生曾说过："中国发展的根本出路是将亿万农民从土地束缚中解放出来。"近年来，党中央、国务院、各级党委和政府陆续出台发布了关于推进乡村振兴战略实施的意见及战略规划，为各地实施乡村振兴战略定目标、把方向、配政策。当前，我国正处于巩固拓展脱贫攻坚成果同乡村振兴有效衔接的关键时期，既要激活日益凋敝的乡村世界，又要防止变相搞成地产"造城"；既要遵循科学的政策指导，又要因地制宜、精准施策。本书紧跟时代步伐，顺应实践发展，积极回应社会普遍关切，在实践基础上推进理论创新，进一步丰富乡村振兴战略的理论成果。

（二）现实意义

从中华民族伟大复兴战略全局看，民族要复兴，乡村必振兴。我国自古以农立国，创造了源远流长、灿烂辉煌的农耕文明。务农重本，国之大纲。历史和现实都告诉我们，农为邦本，本固邦宁。近年来，我国的"三农"工作虽然取得了显著成就，但农业基础还不稳固，城乡区域发展和居民收入差距仍然较大，城乡发展不平衡、农村发展不充分仍是社会主要矛盾的集中体现。习近平总书记在 2020 年的中央农村工作会议上指出，"全面建设社会主义现代化国家，实现中华民族伟大复兴，最艰巨最繁重的任务依然在农村，最广泛最深厚的基础依然在农村"。因此，我们要从胸怀两个大局来看待"三农"工作，深刻认识到全国上下稳住农业基本盘、守好"三农"基础是应变局、开新局的"压舱石"。

为应对世界百年未有之大变局，党的十九届五中全会上，党中央提出了构建以国内大循环为主体、国内国际双循环相互促进的新发展格局。这一战略举措把战略基点放在扩大内需上，更好地激发农业农村发展，缓解农户相对贫困状况，充分提高农民群众的消费能力和消费水平，释放农民实现美好生活的内需，城乡经济循环促进国内大循环的应有之义。本书的研究具有十分重要的现实意义。

第二节 研究方法与数据

一、研究方法

（一）文献研究法

检索搜集国内外相关文献、政策资料和统计数据，并进行归纳整理。对农业和农村发展问题的有关研究进行回顾，从经典经济学思想和学者的有关研究中梳理乡村振兴战略的理论基础和具体的研究实践方法，对与我国类似的发展中国家和与我国处于相似农业发展阶段的国家进行对照比较，对国内外有关学者围绕我国"三农"发展问题尤其是乡村振兴视角下的农业问题的相关研究进行归集整理，以更好掌握"三农"问题研究的理论基础、主要思想和研究动态。

（二）调查研究法

本书在借鉴前人相关研究和调研方案的基础上，设计调研问卷，通过问卷调查、深入访谈、半结构化访谈及案例分析等方法，分别赴咸宁市咸安区和通山县开展实地调研。与每个调研乡镇、街道办和村庄的干部进行访谈，详细了解乡镇、街道办和村庄的具体情况，填写村级调研问卷，并开展入户调查，与农民进行一对一访谈。掌握了一些经典案例和乡镇的特色做法，获得了大量一手资料，为本书的写作和分析研究提供了丰富的案例和数据材料。

（三）比较分析法

比较分析法的应用主要体现在地区间的比较和成效的比较方面。一方面，结合理论和文献，对中国和国外的乡村发展进行比较；结合数据和案例，对咸安区不同乡镇的资源禀赋、产业发展现状及成果进行对比分析。另一方面，是对乡村振兴减贫成效的比较。即通过对咸安区地理位置、资源禀赋、产业基础、人文环境及振兴基础和短板的梳理，结合调研案例中具体的乡村振兴实践，引入"咸安的乡村振兴走在通山前面"的研究假设，对乡村振兴的多维相对贫困减贫成效进行比较。

（四）混合方法研究

产生于20世纪末的混合方法研究被认为是"第三次方法论运动""第三种研究方式"，被誉为"社会科学研究天幕上的新星"，是近年来在哲学社会科学领域备受关注的一种新的研究方法和方法论。2013年，国际混合方法研究学会正式成立，国内外诸多学者将混合方法研究应用到了多个学科领域的具体问题研究中。本书采用混合方法研究乡村振兴与农户多维相对贫困之间的关系这一社会科学问题，利用文献和实地调研的案例及数据统计资料，对研究对象的多维相对贫困状况进行定量测度。结合统计资料和田野调查情况，对其成因进行分析，对其规律进行总结，对研究样本地区乡村振兴的基础和短板进行归纳梳理，从人才、生态、文化、组织振兴方面，结合调研案例及访谈对象的认知，对乡村振兴的多维减贫成效进行定性分析，并给出意见建议。

二、研究数据

（一）咸安区调研数据

咸安区是咸宁市人民政府所在地，下辖9个镇、1个乡、3个街道办事处和1个省级经济开发区、138个建制村、29个城市社区、12个集镇社区。2019年5~6月，笔者调研走访了咸安区10个乡镇的90个村庄，从调研走访的90个村庄中选取了273户农户进行入户调研，获取咸安区各乡镇农村及农户的数据及案例资料。本调研是本书第六章乡村振兴的多维相对贫困减贫效果的案例分析来源。调研乡镇的村庄及农户分布情况如表1-1所示。

表 1-1   咸安区调研村庄及农户分布情况

乡镇	调研村庄数 /个	调研农户数 /户	调研村庄
大幕乡	9	13	井头村、金鸡山村、泉山口村、马鞍头村、常收村、石桥村、东源村、大幕村、双垅村
高桥镇	9	15	水洞村、石溪村、高桥村、白水村、王旭村、刘英村、洪港村、刘桢村、白岩泉村
官埠桥镇	4	34	湖场村、小泉村、石子岭村、两坛垴村
桂花镇	6	27	毛坪村、柏墩村、明星村、鸣水泉村、九垅村、石城村
贺胜桥镇	7	18	贺胜桥村、滨湖村、桃林村、黎首村、万秀村、黄祠村、华坪村
马桥镇	11	30	马桥村、金桥村、严洲村、高赛村、仁窝村、垅口村、吕铺村、鳌山村、樊塘村、曾铺村、四门楼村
双溪桥镇	17	34	双溪村、九彬村、陈祠村、杨堡村、三桥村、李沛村、毛祠村、郑良村、峡山村、杨仁村、梅岐村、汤垴村、李荣村、孙鉴村、杨林村、高铺村、浮桥村
汀泗桥镇	8	38	赛丰村、马鞍村、彭碑村、古田村、洪口村、程益桥村、垅下村、大坪村
向阳湖镇	7	33	斩关村、甘棠村、祝垴村、铁铺村、宝塔村、绿山村、广东畈村
横沟桥镇	12	31	孙田村、袁铺村、群力村、李堡桥村、付桥村、长岭村、鹿过村、杨畈村、孙祠村、栗林村、甘鲁村、马安村

（二）通山县调研数据

2020 年 7 月，笔者从通山县 12 个街道（乡镇）所辖行政村中进行抽样，每个乡镇抽取 3 个贫困村、1 个非贫困村进行调研，共走访 185 个行政村中的 48 个村庄，收集有效农户问卷 763 份。本次调研在调查农户"两不愁三保障"问题之余，对农户的就业保障、扶贫小额贷款、家庭收入变化、家庭支出变化及生计资本对比情况进行了数据采集。本数据是本书第五章农户多维相对贫困测度及影响因素分析的微观数据来源。调研村庄及农户分布情况如表 1-2 所示。

表 1-2　通山县调研村庄及农户分布情况

乡镇	调研村庄数/个	调研农户数/户	调研村庄
闯王镇	4	63	刘家岭、宝石村、高湖村、龟墩村
慈口镇	4	41	慈口村、大竹村、磻溪村、山口村
大畈镇	4	66	大坑村、唐眠塘村、隐水村、长滩村
大路乡	4	55	余长畈村、宾兴会村、神堂铺村、新桥冯村
洪港乡	4	62	东坪村、郭源村、留阳村、杨林村
黄沙铺镇	4	60	马桥村、金桥村、严洲村、高赛村
九宫山镇	4	78	横石潭村、李家铺村、南成村、内港村
南林桥镇	4	72	港路村、罗城村、湄港村、石门村
燕夏乡	4	74	成龙村、理畈村、马桥村、潘山村
夏铺乡	4	75	藕塘村、双河村、西湖村、竹林村
通羊镇	4	52	赤城村、高坎村、泉港村、宋家桥村
杨芳林乡	4	65	郭家岭、晓泉村、株林村、杨芳林村

第三节　可能的创新点与不足

一、可能的创新点

与相关研究相比，本书可能的创新之处在于：

一是研究方法的创新。社会科学以人类社会现象为研究对象，主要的方法论是以自然科学的实证主义方法论和人文科学的人文主义方法论为基础的，也就是我们常说的定量研究方法和定性研究方法。实证主义方法论主张用归纳、演绎等方法分析可量化的数据得到经验观察，而人文主义方法论则重视文笔信息的收集、理解和诠释。定量研究方法通过数据的测量分析，结合实验法、统计法等方法的量化和假设来揭示事物间的因果关系，而定性研究方法的理论基础源于马克思主义认识方法论，强调整体主义和情境主义，认为人们对社会现象的认识会受到主观价值的影响，主要通过访谈法和案例研究法收集文本和社会信息，归纳梳理出事物之间的关系和规律。本书将定性和定量两种方法的思想相融合，采用混合方法研究乡村振兴与农户多维相对贫困之间的关系这一社会科学问题，既能增加研究问题的描述全面性，拓展研究范围的广度，又能提高研究的科学性，延展研究问题的深度，有利于突破定量研究和定性研究的局限，体现社会科学方法论的多元性与融合性。

二是研究视角的创新。本书试图搭建乡村振兴背景下的农户多维相对贫困问题分析框架，通过国际和国内的比较、2014 年和 2019 年数据的比较、咸宁市内咸安区和通山县不同发展阶段的比较，从收入、能力、生态、文化和权利五个方面分析农户的相对贫困问题，从乡村振兴的产业、人才、生态、文化和组织振兴五个方面分析乡村振兴与农户收入相对贫困、能力相对贫困、生态相对贫困、文化相对贫困和发展权利相对贫困问题的内在关联，构建乡村振兴缓解农户收入、能力、生态、文化和权利相对贫困状况的分析框架，在研究思路和研究视角上有所创新。

三是研究内容和对象的创新。党的二十大报告明确提出，要加快建设农业强国。湖北省作为农业大省、鱼米之乡，粮食产量连续 9 年稳定在 500 亿斤以上，淡水水产品产量连续 26 年位居全国第一，油菜籽、茶叶、蔬菜和生猪生产量均位居全国前六位，是国内重要农产品的生产供应基地。习近平总书记多次到湖北省调研，深入农村、企业和社区，考察长江经济带发展和经济运行情况。习近平总书记在第二次长江经济带发展座谈会上强调，要从生态系统整体性和长江流域系统性着眼，坚持生态优先，推动长江经济带发展。本书选取的研究对象是农业大省湖北省的咸宁市。该市地处长江经济带，属于武汉都市圈辐射范围。同时，该市又位于幕阜山北麓，所在的幕阜山区是集中连片贫困地区，是典型的库区、山区和老区，农村地区贫困人口众多，基础设施薄弱，资源匮乏，自然灾害频发。作为幕阜山区脱贫攻坚的主战场，当地群众脱贫致富的愿望十分强烈，地区发展的现实需求十分紧迫。此外，当前对乡村振兴的有关研究，多从宏观政策分析的角度展开，围绕一个具体地区的中观和微观分析较少。因此，本书的研究内容和研究对象的选取也是一个创新点。

二、主要的不足

受限于样本数据、研究手段及笔者的研究能力，本书在以下几个方面仍存在不足之处：

一是虽然在研究的过程中已经广泛收集整理国内外相关文献，但是对研究资料的掌握仍然有限，特别是近两年来乡村振兴的有关形势政策和落实举措更迭较快，本书难免有疏漏之处。此外，对国内外乡村发展政策及落实实效的对比也还不够充分，在研究的深度和广度上可以进一步提升。

二是受新型冠状病毒感染疫情影响，本书的调查样本及数据采集受限，还有进一步补充和丰富的空间。在研究过程中，本书的数据和调研样本分别源于2019 年和 2020 年咸宁市 1 个区及 1 个县的实地调研，虽然调研地的选取基于细致的考量，有一定的特色和区域代表性，但因不同地区的乡村建设基础及发展程度存在较大差异，本书的研究可能无法全面反映全国农户多维相对贫困的整体状况。继续跟进调查调研对象的乡村振兴状况，以及调研样本农户的多维相对贫困缓解情况，是本书下一步研究探讨的方向。

第二章　核心概念与理论基础

第一节　核心概念

一、贫困相关概念

（一）贫困

贫困是相对于富足而言的，谈到"贫困"一词，很多人的脑海里都会浮现出偏远的山区、匮乏的资源、不便的交通、简陋的房屋、褴褛的衣衫等种种景象。这些都和物质条件相关，体现了物质生活的困苦。但贫困不仅仅是缺衣少粮，精神上的困苦、无奈和无助也同样伴随着贫困产生。到底什么是贫困？这一看似简单的问题在学界有多种回答，也经历了从"维持生存"到"福利低下"再到"能力不足"的求索过程。

英国学者朗特里和布思（1901）从生物学的角度定义了贫困，认为："一定数量的货物和服务对于个人和家庭的生存和福利的必需的，缺乏获得这些物品和服务的经济资源或经济能力的人和家庭的生活状况，即为贫困。"英国学者汤森（Peter Townsend，1979）在他的《英国的贫困：家庭财产和生活标准的测量》一书中是这样界定贫困的："所有居民中那些缺乏获得各种食物、参加社会活动和最起码的生活和社交条件的资源的个人、家庭和群体就是所谓贫困的。"英国学者奥本海默（Oppenheim，1993）在《贫困真相》一书中则这样认为："贫困是指物质上的、社会上的和情感上的匮乏。它意味着在食物、保暖和衣着方面的开支要少于平均水平。"美国学者劳埃德·雷诺兹（LloydG·Reynolds，1993）在《微观经济学》一书中说："所谓贫困问题，是说在美国有许多家庭，没有足够的收入可以使之有起码的生活水平。"世界银行在以"贫困问题"为主题的《1990年世界发展报告》中，将贫困界定为"缺少达到最低生活水准的能力"。联合国开发计划署在1997年的《人类发展报告》

中给贫困下的定义是：贫困是指人们在寿命、健康、居住、知识、参与、个人安全和环境等方面的基本条件得不到满足，而限制了人的选择。

借鉴西方学者和机构的定义，我国学者和机构也从多个角度对贫困给予了定义和诠释。国家统计局"中国农村贫困标准"课题组在他们的研究报告中将贫困界定为："贫困一般是指物质生活困难，即一个人或一个家庭的生活水平达不到一种社会可接受的最低标准。他们缺乏某些必要的生活资料和服务，生活处于困难境地。"胡鞍钢和李春波（2001）在《新世纪的新贫困：知识贫困》一文中将贫困的内涵扩充到了收入贫困、知识贫困和人类贫困的范畴，指出收入贫困指的是收入水平不能维持人的基本生活，知识贫困指的是缺乏获取、吸收和交流知识的能力和途径，人类贫困指的是缺乏基本的识字、抵抗可预防疾病、营养不良等人类疾病能力的贫困。

（二）绝对贫困与相对贫困

贫困的概念最早是从绝对贫困的视角提出的。绝对贫困又称为极端贫困，主要是从维持人体最基本生理需求和生存权利的角度对贫困进行的界定。绝对贫困的标准因时间、国情而变化。随着一个国家经济发展水平的提高，人民对可接纳的绝对贫困标准也会有所提高。

自彼得·汤森（Peter Townsend，1962）将贫困解释为相对剥夺以来，"相对贫困"这一术语在全球学术界和政策文件中被广泛使用。他引用亚当·斯密在《国富论》中的观点质疑"生活必需品"这一概念，指出贫困不是绝对的，而是相对剥夺，其被公认为是"相对贫困"理论的最早提出者。

美国经济学家维克托·福克斯（Victor Fuchs，1967）重新定义了"收入贫困"概念，并将低于一个国家或地区收入中位数50%的家庭认定为贫困家庭，首次提出相对贫困标准，也就是收入低于该线的是相对贫困人口。随后，美国、联合国、欧盟和经济合作与发展组织等国家或国际组织都将相对贫困定义为中位收入或平均收入的50%或60%。如果追溯到早期学术界对相对贫困概念的广泛争论，我们会发现，单纯以收入百分比定义相对贫困存在诸多局限。直到今天，关于相对贫困的概念内涵及界定仍未达成一致。阿玛蒂亚·森（Amartya，1967）的贫困理论对相对贫困发生的根源进行了阐述，他认为人的外部特征（财产、所处的自然和社会环境）和内部特征（个人生理特征，如智力体力、性别、年龄等）客观存在的差异是相对贫困的诱因，个人特征的差异和外部机会的不均等造就了相对贫困。

马克思主义哲学认为，世界上的一切事务既包含有绝对的方面，又包含有相对的方面。因此，人们的需要也包含绝对的方面和相对的方面。绝对贫困和相对贫困并非简单的二分法，根据阿马蒂亚·森的理论，绝对贫困后的相对贫困将具有绝对贫困的内核和相对贫困的表征，相对贫困必须包含某种"绝对性"因素。虽然绝对贫困和相对贫困的界线不可简单划分，但是在消除贫困的过程中，先解决绝对贫困、再解决相对贫困的先后顺序是在国际社会达成共识的。发展中国家现阶段主要是解决绝对贫困，而发达国家则主要是治理相对贫困，当然也有在发展中国家和发达国家两类标准同时使用的情况。但是，相对贫困治理要达到怎样的长期目标，国际社会比较含糊，并没有达成共识。

消除贫困问题是国际社会的共同愿景。世界银行在1990年提出致力于消除绝对贫困的"三支柱"战略，并在2016年的报告中将其界定为（劳动密集型）经济增长、（人力资本）投资及（防备挫折的）社会保障。"欧洲2020战略"报告中的减贫方案，主要包括包容性增长、保障教育、改善医疗服务和改进社会保障等内容。中国消灭绝对贫困的"两不愁三保障"标准与欧盟的减贫方案目标异曲同工。在全面建成小康社会后，在实现第二个百年奋斗目标的征途上，我国贫困治理的重点和难点转向了更加隐蔽的相对贫困问题。这是一项长期性和系统性的任务，是国家治理能力现代化的重要内容，也是全面建成社会主义现代化强国的必然选择。

（三）收入贫困与多维贫困

传统的贫困研究和反贫困实践多采用收入或者支出这一单一经济维度来描述贫困概念，随着理论和实践的发展，人们逐渐认识到贫困是一个复杂的社会问题，不能仅以收入或支出货币的标准进行衡量。从福利角度来看，并非所有对人们重要的商品和服务都是通过市场交易来获得的。经济社会发展带动人们生产生活水平提高，仅用满足人类个体基本生存的标准来衡量的贫困不足以描述当代社会人类的贫困状况，这也让贫困的定义从单一的收入贫困扩大到了多维贫困的范畴。贫困既包括不能满足基本需要造成的"贫"，也包括没有能力和机会获得必需的教育、卫生、医疗等社会基本服务的"困"。

著名经济学家、1998年诺贝尔经济学奖获得者阿玛蒂亚·森在他的两本代表作《贫困与饥荒》和《以自由看待发展》中最先提出了多维贫困和能力贫困的概念，他是第一个从福利经济学的视角诠释贫困问题的学者。他认为，必须要引入人的自由权利和社会福利权利来理解贫困，贫困的真正含义并不仅仅是低收入，更是贫困人口缺乏创造收入的能力和机会的贫困，贫困意味着贫困人口缺少获取和享有正常生活的能力。自由权利指的是人能够自由参与社会政治、经济和文化交流活动的能力，其中也包括政治权利；社会福利权利指的是获得相应收入的工作、医疗养老保险和比较完善的公共基础设施的权利。阿玛蒂亚·森还发起了由牛津大学贫困与人类发展中心（OPHI）实施的研究，提出了多维贫困指数（multidimensional poverty index，MPI）。这个指数不包含收入维度的贫困指标，认为多维贫困与收入贫困二者之间是相互独立的。多维贫困理念最早被应用于计算人类发展指数（human development index，HDI），后拓展为计算人类贫困指数（human poverty index，HPI）。

二、收入不均等

收入不均等，顾名思义指的就是收入分配不平衡、不均匀的现象。收入不均等产生的原因复杂多样，既可能源于生产要素差异，也可能来自国家分配制度差异，如劳动报酬不均等、财产性收入不均等和政府转移性收入不均等等，都可能是造成收入不均等的原因。收入不均等的计算方法可分为绝对差距和相对差距两种，绝对差距主要通过货币收入数量来衡量不同劳动者之间的个体收入差异程度，而相对差距主要通过货币数量占比来衡量不同劳动者之间个体收入的差异程度。相对差距在描述收入不均等方面更具有代表性和参考价值。研究收入不均等问题的最终目标是发现造成收入不均等的原因，寻找减少收入不均等的政策方法。

计划经济时代人们的贫富差距小，且生产要素的价格都不是市场形成的，不会产生较大的收入差异。但是在市场经济体制下，生产要素由市场自由配置，市场边际效益带动生产要素收益回报的差异化，收入不均等现象就随之变得非常普遍，不仅存在于城市和农村之间，还存在于城市和农村内部，甚至在家庭内部也普遍存在收入不均等现象。早些年比较普遍的现象是中国农村地区的收入不均等比城市地区更加严重，但是随着社会分工的不断细化和科学技术水平的提升，行业收入差距逐渐拉大，由于职业分工不同而造成的工资收入不均等及随之带来的财产性收入，使得近年来城市的收入不均等现象比农村地区的收入不均等现象更加明显。

三、脱贫攻坚

2011 年 12 月，中共中央、国务院印发了《中国农村扶贫开发纲要（2011—2020 年）》，勾画了全国扶贫开发愿景，提出到 2020 年我国扶贫开发"一达标两不愁三保障"的总体目标。"一达标"即稳定实现扶贫对象有稳定的收入来源，农村建档立卡的贫困户家庭当年有超过全国扶贫标准的人均可支配收入（人年均收入不低于 2 300 元）。"两不愁"即不愁吃、不愁穿。"三保障"指的是保证享有基本的义务教育权利、基本医疗保障和住房安全。2015

年 11 月 29 日，《中共中央、国务院关于打赢脱贫攻坚战的决定》发布，吹响了脱贫攻坚的战斗号角，提出到 2020 年稳定实现农村贫困人口不愁吃、不愁穿以及义务教育、基本医疗和住房安全有保障的脱贫攻坚目标，确保我国实现在现行标准下的贫困人口全面脱贫、贫困县全部摘帽。2021 年 2 月 25 日，习近平总书记在全国脱贫攻坚总结表彰大会上庄严宣告，现行标准下我国 9 899 万农村贫困人口全部脱贫，832 个贫困县全部摘帽，12.8 万个贫困村全部出列，我国历史性消除了绝对贫困，如期打赢了脱贫攻坚战。脱贫攻坚战的胜利彻底解决了我国的绝对贫困问题，下一阶段，中国的减贫工作将进入到更加复杂、更加艰巨的相对贫困和多维贫困治理阶段。

四、乡村振兴

党的二十大报告指出，要全面推进乡村振兴，坚持农业农村优先发展，巩固拓展脱贫攻坚成果，加快建设农业强国，扎实推动乡村产业、人才、文化、生态、组织振兴。

"乡村振兴"这一概念是习近平总书记在党的十九大报告中首次提出的。"农业农村农民问题是关系国计民生的根本性问题，必须始终把解决好'三农'问题作为全党工作重中之重，实施乡村振兴战略。"党的十九大报告中的这句原文是乡村振兴战略的第一次正式呈现，并在党的十九大上作为"七大战略"之一写入《党章》。之后，党中央连续发布了 6 个一号文件，出台了一系列重要文件，如《中共中央 国务院关于实施乡村振兴战略的意见》《中共中央 国务院关于全面推进乡村振兴加快农业农村现代化的意见》《中国共产党农村工作条例》《中共中央 国务院关于实现巩固拓展脱贫攻坚成果同乡村振兴有效衔接的意见》《乡村振兴战略规划（2018—2022 年）》等，对全面实施乡村振兴战略、加快农业农村现代化建设作出具体部署。党中央将乡村振兴战略定义为新时代我国"三农"工作的总抓手，并为其搭建起了"四梁八柱"的顶层设计。

2018 年 1 月 2 日，国务院公布了 2018 年中央一号文件，即《中共中央 国务院关于实施乡村振兴战略的意见》（以下简称《意见》），这是我国正式发布的关于乡村振兴战略的第一个纲领性文件。《意见》指出，实施乡村振兴战略，是决胜全面建成小康社会、全面建设社会主义现代化国家的重大历史任务，是新时代"三农"工作的新旗帜和总抓手，是解决人民日益增长的美好生活需要和不平衡不充分的发展之间的矛盾、实现"两个一百年"奋斗目标、实现全体人民共同富裕的必然要求。《意见》详细阐述了乡村振兴战略的重大意义、总体要求、重点任务和保障措施，对"产业兴旺、生态宜居、乡风文明、治理有效、生活富裕"20 字方针进行了全面阐述，这也是党中央关于"三农"工作的又一次重要顶层设计。

2018 年 9 月，《乡村振兴战略规划（2018—2022 年）》（以下简称《规划》）由中共中央、国务院正式印发。这是党的十九大确立乡村振兴战略后的第一个国家级乡村振兴五年规划，具体从规划背景、总体要求、构建乡村振兴新格局、加快农业现代化步伐、发展壮大乡村产业、繁荣发展乡村文化、保障和改善农村民生、完善城乡融合发展政策体系、规划实施等方面着手，对实施乡村振兴战略提出了任务和要求。《规划》按照三个阶段对实施乡村振兴战略进行了部署，设定了至 2022 年、2035 年、2050 年三个阶段的规划目标。即到 2035 年，乡村振兴取得决定性进展，农业农村现代化基本实现；到 2050 年，乡村全面振兴，农业强、农村美、农民富全面实现。《规划》还首次建立了乡村振兴指标体系。

2021 年 4 月 29 日，第十三届全国人民代表大会常务委员会第二十八次会议审议通过了《中华人民共和国乡村振兴促进法》。这是第一部以乡村振兴命名的基础性、综合性法律，其从产业发展、人才支撑、文化繁荣、生态保护、组织建设、城乡融合、扶持措施、监督检查几个方面，保障乡村振兴在法治轨道上有序推进、行稳致远，并确定每年农历秋分日为中国农民丰收节。作为"三农"领域的根本大法，《中华人民共和国乡村振兴促进法》的出台是全面推进乡村振兴进程中具有开创性的举措，为此后推动乡村振兴取得新进展、农业农村现代化迈出新步伐提供了坚实的法律依据。

党的二十大报告全面回顾了十年来我们取得的伟大历史性成就，以及对党和人民事业具有现实意义和深远历史意义的三件大事，其中就包括"经过接续奋斗，实现了小康这个中华民族的千年梦想，打赢了人类历史上规模最大的脱贫攻坚战，历史性地解决了绝对贫困问题，为全球减贫事业做出了重大贡献，实现了第一个百年奋斗目标"这一伟业。同时，报告也提出要加快构建以国内大循环为主体、国内国际双循环相互促进的新发展格局，把实施扩大内需战略同深化供给侧结构性改革有机结合起来，增强国内大循环内生动力和可靠性，着力推进城乡融合和区域协调发展，推动高质量发展。报告还绘制了下一阶段的宏伟蓝图，那就是以中国式现代化全面推进中华民族伟大复兴。中国式现代化离不开农业农村的现代化。实施乡村振兴战略，推进农业农村现代化是全面建设社会主义现代化国家的重大任务，是解决乡村发展不平衡不充分及农户多维相对贫困问题的重要举措，是推动农业农村高质量发展的必然选择。

第二节 理论基础

一、贫困与反贫困理论

贫困是一种多因素造成的复杂的社会现象，反贫困就是要降低、缓解甚至消灭这种不均等状态。贫困问题具有动态性，个人或家庭会随着社会福利水平和个体家庭状况的变化退出或进入贫困，反贫困也是一个动态持续的过程。关于贫困问题的研究和实践有从福利经济学、发展经济学及立足国情的中国特色反贫困理论等视角的不同阐述。

（一）福利经济学中的贫困与反贫困理论

福利是一个源于西方的概念，指的是个人生活的幸福满意程度。社会福利有广义和狭义两个方面的定义，狭义的社会福利主要指的是面向困难群体提供的带有福利性质的社会支持；广义的社会福利指的是改善广大社会成员的物质文化生活，让大家生活幸福美好的措施。按照基数效用论的观点，社会福利指的是所有社会成员福利的总和；按照序数效用论的观点，社会福利是社会成员的共同福利，又可分为帕累托型社会福利和罗尔斯型社会福利。在福利社会中，福利主要包括经济福利和一般福利两个部分。经济福利指的是可以用货币度量的福利部分，而精神愉悦、心理满足等不可用货币衡量的精神福利称为一般福利。

福利经济学是由英国经济学家霍布斯和庇古于20世纪20年代创立的一种研究社会经济发展和福利改善问题的理论应用经济学科，经历了旧福利经济学和新福利经济学两个发展阶段。庇古（Pigou，1920）在《福利经济学》中第一次阐述了"福利经济学"理论，对福利的概念及其政策应用做了系统诠释，被誉为福利经济学之父。他将福利分为广义的福利和狭义的福利两大类型：广义的福利，即社会福利；狭义的福利，即经济福利。他主张国民收入均等化，认为国民收入总量越大，社会经济福利就越大；国民收入分配越均等，社会福利也就越大，经济体系的运作就越好，经济福利主要取决于国民收入的总量和国民收入在社会成员之间的分配情况。尽管庇古开创了福利经济学理论体系，但是福利经济理论是帕累托早20多年就提出了，只是当时未被重视。

1929—1923年世界经济危机后，英美国家的一些经济学家在新的历史条件下对旧福利经济学进行了许多修改和补充，形成了新福利经济学，其中帕累托最优状态概念和马歇尔的消费者剩余概念是新福利经济学的两个最具代表性的重要分析工具。帕累托最优状态指的是任何改变都不可能使一个人的境况变得更好而不使别人的境况变坏的这样一种状态。按照这一规定，一项改变如果使每个人的福利都增进了，或者使一些人福利增进而其他的人福利不减少，那么这种改变就有利；如果使每个人的福利都减少了，或者使一些人福利增加而另一些人福利减少，那么这种改变就不利。马歇尔的消费者剩余概念和政策结论对新福利经济学也起了重要作用，他从消费者剩余概念推导出这一政策结论：政府对收益递减的商品征税，得到的税额将大于失去的消费者剩余，用其中部分税额补贴收益递增的商品，得到的消费者剩余将大于所支付的补贴。

福利经济学至今仍然是我们研究贫困和反贫困问题的重要理论基础。阿玛蒂亚·森的效用价值论将效用和幸福等同，他认为一个人的幸福感与个人的能力紧密联系，能力是效用的重要来源。他在 1981 年出版的《贫困与饥荒——论权力与剥夺》一书通过对印度贫困与饥荒的分析，一针见血地指出贫困本质上是一种让人获得收入的能力被剥夺的不平等。诺贝尔经济学奖获得者安格斯·迪顿对福利和贫困的研究表明，政治权利的不平衡、资源分配的不公平和社会竞争的机会不均等是造成极端贫困和饥荒的根本原因。

（二）发展经济学中的贫困与反贫困理论

发展经济学的主要研究对象是以农业生产为主的落后国家，也就是发展中国家，发展经济学就是帮助这些国家寻找摆脱贫困、实现工业化的路径。贫困恶性循环理论（vicious circle of poverty）和低水平均衡陷阱论（the theory of low-level equilibrium trap）是发展经济学中涉及贫困和反贫困问题的重要理论。

哥伦比亚大学教授纳克斯（Nurkse，1953）在其著作《不发达国家资本的形成问题》一书中提出，"一国穷是因为他穷"，即发展中国家贫困问题的根本原因，并非国内资源不足，而是因为社会经济体系不完善所导致的需求和供给两个方面，若干相互联系、相互作用的"恶性循环系列"形成了两个恶性循环，造成了这个国家的贫困。纳克斯认为，要打破这种恶性循环，需要采用大推进式的"平衡战略"，即通过提高储蓄率积累投资资本，扩大生产，进而带动就业和促进消费。

低水平均衡陷阱论由纳尔逊（R．F．Nelson）于 1956 年提出。他在《不发达国家的一种低水平均衡陷阱》一文中指出，人口增长率对人均国民收入水平敏感。生活贫困，死亡率必然较高，从而抑制了人口的增长，一旦人均收入的增长率快于人口的增长率，人民生活将有所改善，生活改善将降低死亡率并提高生育率，从而加快人口增长速度；而快速上升的人口增长率又将使人均收入回到原来的水平，这样就出现了一个低水平均衡陷阱。造成这种现象的主要原因是资本不足导致经济的增长速度不足以超过人口的增长速度，打破这一陷阱的途径就是大力促进资本形成，实现经济增长高于人口增长。

（三）中国特色反贫困理论

我国是世界上最大的发展中国家，中华人民共和国成立初期有着世界上最大体量的贫困人口。70 余年来，我们进行了艰苦卓绝的反贫困实践，取得了举世瞩目的减贫成就，形成了中国特色反贫困理论和经验。

中华人民共和国成立后至改革开放前的计划经济时代，为恢复和发展国民经济，党和国家在农村围绕基层组织建设、农村社会主义改造和农村经济建设等方面进行了大刀阔斧的改革。此次改革首先是从改革农村土地关系切入。1950 年 6 月颁布的《中华人民共和国土地改革法》是全国轰轰烈烈开展土地改革运动的纲领性文件。其次是建立和完善农村的基层政权和党组织。1950 年 12 月政务院颁布《乡（行政村）人民代表会议组织通则》和《乡（行政村）人民政府组织通则》，原则上固定乡与行政村同为农村基层政权组织。1954 年颁布的《中华人民共和国宪法》赋予了乡镇政权以农村基层政权的合法地位。1951 年 12 月《中共中央关于农业生产互助合作的决议（草案）》颁布后，各地掀起了农业生产合作社创建热潮，将土地的使用经营权从所有权中分离出来，由合作社进行统一规划。1958 年《中共中央关于在农村建立人民公社问题的决议》规定人民公社实行政社合一，乡党委就是人民公社党委。后又通过公社管理委员会、生产大队、生产队"三级所有、队为基础"的生产经营格局建立了农村集体经济制度。这一时期的社会主义改造还特别注重在农村发展党员，建立党支部，通过农村党组织的建设和整顿建立农村工作的组织体系。计划经济时代，我国农村实行的是以人民公社为代表的集体经济，遵循的是平均主义原则，很大程度上抑制了农村贫富两极分化，但是人民公社制度本身存在的问题严重制约了国民经济发展，当时政府提供的救济式扶贫并不能提高农村贫困地区的自我发展能力。

改革开放后，我国开始建立社会主义市场经济体制，党的农村工作重点放在了解放和发展生产力、带动农民努力摆脱贫困上。1978 年，安徽凤阳小岗村率先发起包干到户的农业生产责任制改革。随后，家庭联产承包责任制在全国推广开来。1982 年、1983 年连续两个中央一号文件为家庭联产承包责任制这一农村改革的重大战略决策的推行提供了政策指引和根本遵循，原政社合一的人民公社制度也逐步走向解体。1984 年，中共中央、国务院联合发出的《关于帮助贫困地区尽快改变面貌的通知》拉开了专项扶贫工作的序幕，取得了明显的减贫效果。1986 年国家把扶贫开发纳入发展总体计划，成立了专门的贫困地区经济开发领导小组。1987年通过的《中华人民共和国村民委员会组织法（试行）》决定在农村实行村民自治，规定村民委员会是村民自我管理、自我教育、自我服务的组织机构，承担本村生产发展和公共事务的服务和协调工作。1986—1993年，我国瞄准重点区域实施区域开发式减贫战略。1994年国务院印发《国家八七扶贫攻坚计划（1994—2000年）》，提出力争用7年时间基本解决8 000万农村贫困人口的温饱问题。通过增加扶贫投入，促进了东西部、中西部地区的协作，到2000年基本实现了"八七扶贫"目标，解决了当时全国农村贫困人口的温饱问题。2005年12月，十届全国人大常委会第十九次会议决定，自2006年1月1日起废止《中华人民共和国农业税条例》，这是中国数千年农业史上前无古人的创举。2001年第一个十年扶贫纲要《中国农村扶贫开发纲要（2001—2010年）》确定了扶贫工作重心下移到村，实施整村推进为"一体"、产业发展和劳动力转移为"两翼"的"一体两翼"减贫战略，并在全国确定了592个国家扶贫开发重点县、15万个重点贫困村。第二个十年扶贫纲要《中国农村扶贫开发纲要（2011—2020年）》确定了将集中连片贫困地区的832个县作为扶贫主战场。这一时期的扶贫工作经历了体制改革推动扶贫阶段（1978—1985年）、大规模开发式扶贫阶段（1986—1993年）、八七扶贫攻坚阶段（1994—2000年）、全面建成小康社会的扶贫开发阶段（2001—2010年）等，我国农村的贫困问题从普遍性向区域性和点状分布演变。

党的十八大以来，以习近平同志为核心的党中央带领全党全国各族人民，立足我国国情，把握减贫规律，出台了一系列政策举措，构建了一整套行之有效的政策体系、工作体系、制度体系，指导中国的扶贫实践取得了举世瞩目的历史性减贫成就，走出了一条中国特色减贫道路，形成了中国特色反贫困理论。中国特色反贫困理论的核心要义就是"七个坚持"，即坚持党的领导，为脱贫攻坚提供坚强政治和组织保证；坚持以人民为中心的发展思想，坚定不移走共同富裕道路；坚持发挥我国社会主义制度能够集中力量办大事的政治优势，形成脱贫攻坚的共同意志、共同行动；坚持精准扶贫方略，用发展的办法消除贫困根源；坚持调动广大贫困群众积极性、主动性、创造性，激发脱贫内生动力；坚持弘扬和衷共济、团结互助美德，营造全社会扶危济困的浓厚氛围；坚持求真务实、较真碰硬，做到真扶贫、扶真贫、脱真贫。这些重要经验和认识，是我国脱贫攻坚的理论结晶，是马克思主义反贫困理论中国化最新成果，必须长期坚持并不断发展。

二、收入分配理论

收入分配理论主要是用来解释在社会经济发展中的收入分配问题，一直是经济学的研究重点，是政府进行收入分配的重要理论支撑。关于收入分配问题的研究主要有两个方面，一是关于经济增长和收入分配的关系的研究，二是关于收入分配不均等的研究。不同学派基于这两个方面都提出了诸多建设性观点。

（一）古典与新古典主义收入分配理论

古典经济学派认为社会分工不同是产生收入分配问题的重要原因，亚当·斯密（Adam Smith，1776）在其最具代表性的著作《国富论》中提出了这一观点。他认为，社会分工协作能够促进社会生产和产品交换，但这种社会分工会进而演化成为收入分配问题。新古典经济学派基于边际效应和均衡理论建立了新古典主义的分配理论。马歇尔（Marshall，1890）的巨作《经济学原理》的出版标志着新古典经济学的形成，他创立了均衡价值理论，并以此为基础来研究收入分配问题。他认为，劳动的供给价格由培养劳动力的成本决定，利息的供给价格由资本家的机会成本决定，土地的需求价格由土地市场的需求决定，劳动和资本的边际生产力决定了劳动和利息的需求价格。克拉克（Clark，1899）同意这一观点，他也认为生产要素的收益取决于各要素的边际生产力，劳动和资本的边际决定了工资和利息的收益，并基于此提出了工资、利息和利润三个方面的分配利润。克拉克的收入分配理论侧重于研究收入分配的公平性，但对收入归属对象的研究还有待进一步深入。

（二）凯恩斯的收入分配理论

凯恩斯（Keynes，1936）的《就业、利息和货币通论》在20世纪30年代的经济危机时代带来了一种新的理论方法，他认为影响经济增长的主要因素是社会收入分配问题，利息不取决于社会的储蓄和投资，而取决于货币的供需关系。凯恩斯指出提高富有阶层的税率和降低利息是解决分配不均问题的关键，可以有效解决社会需求不足的问题。这些观点被近现代经济学家广为接受，形成了后凯恩斯主义经济学派。他们认为收入分配不均不是短期原因造成的短期现象，而是由长期的社会制度形成的，只有通过科学的政策手段和措施才能有效缓解收入分配不均问题。

（三）马克思的收入分配理论

与其他资产阶级经济学家主要关注社会产品分配的观点不同，马克思（Karl Marx，1863）认为分配问题不仅涉及社会产品的分配，更应考虑"生产条件的分配"，这是全部社会生产的本质前提与决定性条件。他指出，一切生产都是个人在一定社会形式中并借这种社会形式而进行的对自然的占有，如果说在任何财产形式都不存在的地方，就谈不到任何生产。所以，马克思对分配问题的研究，不是直接研究收入或社会产品的分配，而是先对生产资料这一先决条件的所有制关系进行研究，包括"生产条件的分配"和"社会总产品的分配"两大部分。他认为，分配既是社会生产过程中的一个具体环节，也是社会生产关系的一项重要内容。从社会生产关系的角度来理解社会分配，既是马克思的一大创新，也是他的分配理论的重要特点。

科学劳动价值理论是马克思分配理论的基础。即社会总产品及其各个部分的价值总是保持在一个既定的量的范围内，无法随意扩大或缩小。社会总产品中的各种形态的利润总是与其总的剩余价值相等，产品的生产价格总是与其价值相等。这样就使得分配的结果与分配的对象在量上始终保持平衡。他认为社会劳动及其价值可分为必要劳动与剩余劳动。他指出，在任何社会生产（如自然形成的印度公社，或秘鲁人的较多是人为发展的共产主义）中，总是能够区分出劳动的两个部分，一个部分的产品直接由生产者及其家属用于个人的消费；另一个部分则始终是剩余劳动的那个部分的产品，总是用来满足一般的社会需要。

马克思还认为，分配应该包括个人消费品的分配和社会总产品的分配两个方面。个人消费品的分配对象是社会的劳动生产物，在一定的时期，它是一个既定的量，其量的多少在一定时期总要受到社会、经济、文化等多种因素的制约。社会总产品的分配，通过社会生产各部门之间的商品交换将资本价值重新收回，使不变资本在其价值与物质双重形式上得到补偿或更新，为下一轮生产做准备，以保持生产的连续性。在社会总产品的分配中，剩余价值的分配是重点，可通过设立社会保险基金应对经济社会运行和发展中不可预知的灾难性事件，处理好积累与消费的关系。

三、共同富裕理论

增长与分配、效率与公平一直是经济社会关注的两大命题。"共同"体现公平，属于生产关系范畴；"富裕"要求效率，属于生产力范畴。没有效率的共同富裕是乏力的，缺乏公平正义的共同富裕是与"以人民为中心"的思想相背离的。共同富裕体现的是生产力和生产关系的统一。

（一）马克思主义共同富裕思想

实现共同富裕是共产党人的远大理想。18世纪，马克思、恩格斯就提出了共产主义社会的共同富裕理论。历史唯物主义认为，生产力决定生产关系，经济基础决定上层建筑。马克思、恩格斯指出，共产主义的共同富裕建立在社会生产力高度发展、科技极度发达、劳动生产率空前提高、劳动时间大大缩短、社会产品极大丰富的基础上。人们到了共产主义社会,思想会达到非常高的境界,不会把劳动当作谋生的手段,而是当作自觉的第一需要,每个社会成员可以按照自己的兴趣、爱好、意愿及社会需要自由选择职业和变换工作。恩格斯在《共产主义原理》中表示,共同富裕虽然是共产主义的目标,但实现这一目标需要一个过程,社会主义是实现共产主义共同富裕的过渡阶段。

社会主义共同富裕是社会主义国家的主要特征和目标追求。马克思在《资本论》中系统揭示了当时社会无产阶级贫困化与社会贫富两极分化问题,指出资本原始积累是贫富两极分化的历史起点,资本主义生产方式是贫富两极分化的根源,生产资料占有上的两极分化必然会导致收入和财富占有上的两极分化,科学地预见了共同富裕是社会主义社会区别于资本主义社会的本质特征。马克思、恩格斯的共同富裕思想是贯穿于马克思主义理论体系的重要内容,虽然没有直接使用"共同富裕"一词,但科学阐明了社会主义共同富裕的基本特征,即强调以生产资料公有制为核心的社会主义经济制度是共同富裕的制度基础,高度发展的社会生产力是实现共同富裕的物质基础。在社会主义或共产主义社会,全体人民在生产资料共同占有的基础上共同劳动,协力推动生产力快速发展,并能共享发展成果,实现所有人的共同富裕和自由全面发展。正如马克思在《1857—1858年经济学手稿》中强调的,在社会主义制度下,"社会生产力的发展将如此迅速……生产将以所有的人富裕为目的"。恩格斯在《卡尔·马克思》一文中论述社会主义基本特征时指出:"社会的每一成员不仅有可能参加社会财富的生产,……足以保证每个人的一切合理的需要在越来越大的程度上得到满足。"

(二)中国特色社会主义理论中的共同富裕思想

中华人民共和国成立以来,中国社会主义仍然处于并将长期处于社会主义初级阶段。这既是中国的基本国情,也是中国经济社会发展的总依据。2012年12月29日,习近平总书记在河北省阜平县考察扶贫开发工作时指出,"消除贫困、改善民生、实现共同富裕,是社会主义的本质要求。"社会主义初级阶段的总任务是实现社会主义现代化和中华民族伟大复兴。消除贫困、实现共同富裕,是贯穿社会主义建设全过程的发展使命。

新中国自成立起就将实现共同富裕作为奋斗目标,并进行了诸多探索性实践,对共同富裕的理解认识也经历了从物质财富增长向经济繁荣、生活繁荣的历史演变。1953年通过的中国共产党中央委员会《关于发展农业生产合作社的决议》指出:"党在农村中工作的最根本任务,就是要……,并使农民能够逐步完全摆脱贫困的状况而取得共同富裕和普遍繁荣的生活。"这里,经济富裕和生活繁荣是分开的。改革开放后到党的十九大前，富裕也主要指的是经济发展和物质财富增长。党的十八大报告已提出中国要坚持走"共同富裕道路"。在党的十九大报告中，共同富裕的内涵得到拓展，更多地与人民生活、民生保障联系在了一起，并明确表示，要在 2035 年全体人民共同富裕迈出"坚实步伐"，在 2050 年全体人民共同富裕"基本实现"。党的二十大报告在对"中国式现代化"进行阐述时也指出，"中国式现代化是全体人民共同富裕的现代化"。共同富裕要求解决好"人们对美好生活的向往与发展不平衡不充分之间的矛盾"这一当前社会的主要矛盾。这种"富裕"不仅包括看得见摸得着的"物质富裕"，还包括文化生活上的"精神富裕"。在古典经济学和发展经济学中，富裕一词的英文均为 wealth，主要考虑物质方面的富足程度。而党的十九大报告的英文版则用 common prosperity，表达共同富裕之意。一字之差，既拓展了发展经济学对富裕的理解，也体现了近年来福祉理论的发展。综上，用共同的福祉增进或共同繁荣来理解共同富裕较为妥当。

习近平总书记关于共同富裕的重要论述，为共同富裕注入了新理念、新论断。例如，"我们说的共同富裕是全体人民共同富裕，是人民群众物质生活和精神生活都富裕，不是少数人的富裕，也不是整齐划一的平均主义"。在党的十九届六中全会通过的《中共中央关于党的百年奋斗重大成就和历史经验的决议》中，明确了新时代党的主要任务是开启第二个百年奋斗目标新征程，逐步实现全体人民共同富裕。并在总结"坚持人民至上"历史经验时再次强调，"必须坚持以人民为中心的发展思想，发展全过程人民民主，推动人的全面发展、全体人民共同富裕取得明显的实质性进展"。实现全体人民共同富裕，最艰巨、最繁重的任务在农村，最广泛、最深厚的基础在农村，最大的潜力和后劲也在农村。只有农村富强、农民富足，全体人民共同富裕的目标才可以实现。

四、乡村发展理论

（一）小农经济理论

"小农经济"亦称为"自耕农经济"，指的是以家庭为单位、生产资料个体所有制为基础，完全或主要依靠自己劳动，以满足自身消费为主的小规模农业经济。中国是传统的小农社会，小农是中国农村最普遍的农民形式，自产自销目前还是偏远山区农民的主要生产行为选择。小农经济经营规模小，生产资料和生产条件简单，通过辛勤劳作提供生活消费保障，但是由于经营规模小、积累储备不足，抗风险能力较差。小农经济曾是奴隶社会、封建社会和资本主义社会农村经济的主要形态，随着产业革命和工业化发展，部分家庭农场已发展成为有现代装备的社会化大生产，脱离了小农经济范畴。马克思、恩格斯利用辩证唯物主义和历史唯物主义的科学方法研究小农经济，提出了完整的小农经济理论，包括小农的特征、小农的地位和作用，及小农未来的发展之路。作为经典的小农经济国家，我国应该走提高小农素质、以工业反哺农业和城市支持农村发展的道路（丁长发，2017）。《理性小农：越南农业社会的政治经济》是塞缪尔·波普金（Samuel. Popkin，1979）的著作，他在介绍小农社会的道义经济学研究方法的基础上提出了一种新的思路——政治经济学研究方法，展示了乡村生活形态如何形成农民自利的行为模式。与农民道德模式相比，这种农民的政治经济学行为模式能从根本上保证个人利益。

（二）马克思主义城乡关系理论

马克思和恩格斯的城乡关系理论集中体现在城乡对立和城乡融合两个方面。一方面，资本主义私有制的发展和生产力极大的进步，会产生城乡分化的负面影响。社会内部关于工业和农业的分工使得脱离农业生产的人口聚集在最先形成的城市，农业人口聚集在农地附近从事农业生产。正如马克思在《资本论》中指出的，"一切发达的、以商品交换为中介的分工的基础，都是城乡的分离"。另一方面，恩格斯首先提出"城乡融合"这一概念，即工业与农业结合，城市与乡村协调发展，从而形成一种既有利于城市又有利于乡村的文明生活。城乡融合发展需要一定的物质条件和社会生产发展作为保障。《马克思恩格斯选集》第4卷中谈道，"通过消除旧的分工，进行生产教育、变换工种、共同享受大家创造出来的福利，以及城乡的融合，使社会全体成员的才能得到全面的发展"。马克思城乡关系理论深刻阐述了资本主义生产关系下城乡对立的形成机制，提出了城乡融合发展的可行路径，对当代中国的城乡发展实践具有重要的理论指导意义。

（三）二元经济结构论

20世纪50年代，英国著名经济学家刘易斯（Lewis，1954）在其《劳动无限供给条件下的经济发展》一文中首次阐述了"两个部门结构发展模型"的概念，也就是"二元经济结构"，又称刘易斯模型。他提出，城市和农村出现差异发展的根本原因是农业和工业发展过程中出现的经济结构冲突，在工业发展过程中，大量的农业资源和生产要素被城市发展工业占用，导致二者差距逐渐变大。在发展中国家，传统的自给自足的农业经济体系和城市现代工业体系并存。发展中国家的农业中存在边际生产率为零的剩余劳动力，适当引导这些农村劳动力转移可降低二元经济结构对农村产生的负面影响。费景汉（H.

Fei，1964）和拉尼斯（G. Ranis，1964）修正了刘易斯模型中的假设，完善了农业剩余劳动力转移的二元经济发展思想，这样刘易斯-费景汉-拉尼斯模型不仅成为古典主义框架下分析二元经济问题的经典模型，同时也是区域经济学的奠基性理论。

（四）梯度发展理论

梯度理论是在国家或大地区经济开发中，按照各地区经济、技术发展水平，由高到低，依次分期逐步开发的理论。梯度发展理论是基于缪尔达尔、赫希曼等人的"二元经济结构"理论发展出来的。该理论认为，区域经济发展已形成了经济发达区和落后区（核心区与边缘区），经济发展水平出现了差异，形成了经济梯度，其试图利用发达地区的优势，借助其扩散效应，为缩小地区差异而提出的一种发展模式。梯度转移理论认为，区域经济的发展取决于其产业结构的状况，创新活动是决定区域发展梯度层次的决定性因素，而创新活动大都发生在高梯度地区。随着时间的推移及生命周期阶段的变化，生产活动逐渐从高梯度地区向低梯度地区转移，而这种梯度转移过程主要是通过多层次的城市系统扩展开来的。

近年来，梯度发展理论正由静态定位理论发展为动态理论。其中，最有权威的是迈达尔理论。该理论认为，随着任何一个国家或地区的经济发展，在生产分布上必然会产生两种趋势，即生产向某些地区集中的极化趋势和生产向广大地区分散的扩展趋势；前者受极化效应支配，后者受扩展效应支配。根据这一原理，处在高梯度的地区，经济发展主要在于预防经济结构老化，行之有效的办法是不断创新，建立新行业、新企业，创造新产品，保持技术上的领先地位；处在低梯度的地区，经济发展应重点发展占有较大优势的初级产业、劳动密集型产业，尽快接过那些从高梯度地区淘汰或外溢出来的产业，发展地区经济，并尽量争取外援，从最低的发展梯度向上攀登，进入世界先进行列。

（五）社区主导发展理论

社区主导发展也称为社区自主型发展或社区驱动型发展，源于20世纪50年代印度和孟加拉国早期学者的赋权思想。不同于传统反贫困理论的问题视角，社区主导发展理论强调社区本位的贫困治理，从"修补问题"到专项"能力与资源的发挥"，强调重视贫困群体的优势挖掘和能力提升，通过贫困主体的参与，实现贫困地区的自我脱贫和可持续发展。社区主导发展追求的是一个多元的发展目标，既包括基础设施的建设、基本社会服务的提供、收入消费水平的改善，也包括社区组织建设、治理机制创新、个人能力提升等综合性、可持续发展目标。社区主导发展理论强调赋权和基层参与，主张利用政府、组织和社区的合作伙伴关系，通过人力资本投资加强社区组织和群体能力，创造平等的参与机会，促进地区发展和个人福祉（徐延辉、黄云凌，2013）。

（六）农业可持续发展理论

1980年，国际自然及自然资源保护联盟提出要把环境保护与经济发展很好地结合起来，使生物圈既能满足当代人的利益，又能保持满足后代持久需求的潜力。这是可持续发展概念的基础。美国农业科学家布朗（Lester Brown，1981）在他《建设一个可持续发展的社会》一书中指出："我们不是从前辈手中继承地球，而是向子孙后代预支地球"，并正式提出可持续发展战略思想。1989年，联合国粮农组织通过了有关可持续发展的正式决议。具有巨大影响的"可持续农业和农村发展"的《丹博斯宣言》于1991年在荷兰发布，提出："可持续农业是采取某种使用和维护自然资源的基础方式，以及实行技术变革和机制性变革，以确保当代人及其后代对农产品需求得到满足。这种持久的发展要维护土地、水、动植物遗传资源，是一种环境不退化、技术应用适当、经济上能生存下去且社会上能够接受的农业。"农业可持续发展理论是可持续发展理论在农业领域的体现，主要内容包括经济的可持续性、社会的可持续性和生态环境的可持续性。

第三章 文献综述与分析框架

第一节 文献综述

一、贫困与多维相对贫困研究

（一）贫困问题研究

消除贫困是世界性难题，也是各国共同的目标，国内外诸多学者围绕贫困问题做了大量研究工作。在早期的贫困研究中，多数学者从收入这一单一视角展开研究，并制定了贫困识别标准，即贫困线，包括后来出现的相对贫困概念，联合国及欧盟等现行的相对贫困标准也是以收入维度（均值的50%或60%）来进行测算的。部分学者坚持用收入贫困标准来测量贫困，其原因是他们认为个体其他维度的贫困都可以通过一套价格体系被折算为货币，从经济视角来描述贫困状况。但是单一维度无法回应贫困的动态性、脆弱性和代际传递等问题，因为贫困的原因是多方面的，表现形式也是多方面的。第二章的核心概念界定及第四章每个章节对多维相对贫困概念的阐述都对贫困问题研究的发展脉络和重要学者的主要观点进行了梳理，在此不再赘述。

（二）多维贫困问题研究

1976年，阿玛蒂亚·森提出"能力贫困"概念，并在单维贫困公理基础上运用公理方法构建出能力标准多维贫困指数。他认为，对贫困的认识不能仅停留在收入层面，更应关心贫困者的生存状态。同时，他创立了权利贫困理论与方法。他表示，在市场经济条件下，相对地位和经济力量表现为一系列权利——对食物的生产权、交换权、支配权，以及各种"扩展权力"。公共行为可以被看作提高人们实现有价值的和被赋予价值的"活动和存在"的能力。1985年，阿玛蒂亚·森又拓展了人类发展和生活质量改善等传统福利经济学没有讨论到的内容，系统阐述了贫困问题描述的"能力方法"，即主要包括如下五个方面：一是自由的重要性，二是资源转换为有价值活动的能力差异，三是幸福感或者说是获得感的主要来源，四是综合考虑物质和非物质两个方面因素对福利的影响，五是发展机会的公平性。阿玛蒂亚·森的权利贫困理论提出时虽然集中研究的是饥饿这种特定贫困背后的权利剥夺问题，但是其"能力方法"为"繁荣型贫困"和"增长型贫困"背后的权利剥夺，以及马克思主义的人的全面发展学说里的权利剥夺问题研究开创了新的视角。

联合国开发计划署（The United Notions Development Programme，UNUP）认为，世界发展的基本目标是创造一个健康、长寿和有创造性的适合人类生活的环境，提高收入作为解决贫困问题的一个重要手段，只能反映贫困的部分状况，不足以全面概括贫困群体所面临的困境。联合国开发计划署先后于 1990年、1996 年、1997 年提出人类发展指数测度（HDI）、能力贫困指标（CPM）和人类贫困指数测度（HPI），从多维视角来解释全球贫困问题，并且每年发布指数报告。人类发展指数（HDI）由出生时的预期寿命、预期受教育年限及实际人均国内生产总值（PPP，以购买力平价计算）三个维度组成，采用几何加权平均算法，可等权重或非等权重，测算灵活方便。后来，研究者们又对该测算进行了修正，消除了维度分配不均匀问题。修正后的 HDI 多维贫困指数能较好地反映人类发展不平衡情况，被世界上许多国家和地区采用。但是，该指数在权重设计上的主观性较强。能力贫困指标（CPM）由三个指标构成：5岁以下体重不足的儿童比重、没有专业卫生人员护理而出生的婴儿的比重、15岁以下文盲妇女的比重，把这三个指标等权数加总得到的平均数就是能力贫困指数。1997 年联合国开发计划署首次将 HDI 指数拓展为 HPI 指数，发布在当年的《人类发展报告》中，并对发展中国家和发达国家分别采用了不同的维度指标。发展中国家的人类贫困测度指标包括寿命剥夺（40 岁以前死亡的人口比例）、知识剥夺（成人文盲率）和生活水平剥夺（综合指标）三个维度，发达国家人类贫困指数的测度指标包括寿命剥夺（60 岁以前死亡的人口比例）、知识剥夺（16~65 岁缺乏技能的人口比例）、生活水平剥夺（人均可支配收入低于平均水平的比例、失业率等）维度。HPI 指数为不同发展阶段的发达国家和发展中国家提供了有针对性的参考指数，为不同国家和地区结合国情制定相适应的反贫困政策提供了科学指引。但该指数反映的是国家层面的综合指数，较为宏观，无法用来测定和刻画个体或家庭的多维贫困情况。

近年来，从多维视角来描述贫困问题的方法已经被学界广泛接受，国内外诸多学者采用多维贫困指数（MPI）对全球多维贫困问题从宏观和微观等多个层面进行了大量研究。其不仅在维度上进行了拓展，而且在每个维度的指标体系上也进行了深化。

阿尔基尔（Alkire，2002）从 139 个关系人类发展和福利水平的指数中筛选出 10 个指标来构建多维贫困指数，主要包括健康、教育和生活水平三个方面。2018 年，他又对印度的多维贫困进行研究，发现印度 10 年间 MPI 下降了近一半，多维贫困人口减少了接近 2.8 亿人。其中，营养、卫生和生活燃料的剥夺率下降明显。门多萨（Mendoza，2019）考察了菲律宾的能源多维贫困与收入贫困之间的关系。陈立中（2008）运用 Watts 贫困指数，从收入、知识、健康三个维度对我国贫困的多维情况进行了测算。郭兴华（2018）构建了涵盖健康、教育、生活条件、就业和收入 5 个维度 15 项指标的多维贫困指标体系测算扶贫绩效。夏春萍、雷欣悦（2019）建立了多维贫困模型，发现我国多维贫困指数存在"东部最低、中部次之、西部最高"的梯度分布差异。彭燕（2019）从基本保障、健康、精神生活和社交活动四个维度的指标体系测算我国农村家庭女性多维动态贫困状况。焦克源等（2020）以我国精准脱贫的"两不愁三保障"标准，从人均收入、安全饮水、教育、医疗、住房五个方面构建多维贫困指标体系，利用 2014—2018 年中国家庭追踪调查（CFPS）数据，运用 AF 多维贫困测度方法对我国精准扶贫成效进行测度分析，发现我国整体多维贫困状况有所改善，但改善趋势逐年放缓。宋嘉豪（2021）从经济水平、健康状况和生活质量三个方面分类对农村留守老人、妇女、儿童的多维贫困问题进行了分析研究。程威特（2021）从收入、教育、健康和生活水平四个维度对 2010—2018 年中国城乡家庭、不同生命周期阶段家庭的多维相对贫困状况进行了考察，建议建立官方的多维贫困识别标准，推进缓解相对贫困的公共服务体系建设，促进城乡均衡发展。

学界还有另一种对收入贫困与多维贫困之间关系的观点，那就是收入贫困与多维贫困之间是从属关系，即认为多维贫困从各个方面反映了个体的贫困状况，收入贫困是其中一个维度。世界银行全球贫困委员会就支持这一观点，主张将以货币为基础的指标记入多维贫困维度。无论支持哪种收入贫困与多维贫困之间关系的观点，不可否认的是，多维贫困不仅从物质角度，更从生理、心理、社会和未来发展机会等多维角度更全面系统地解释了贫困，丰富了贫困的概念。

（三）相对贫困问题研究

核心概念界定部分介绍了绝对贫困到相对贫困的概念演变，其发展历程既体现了贫困概念界定的范式转换，又体现了社会的发展，即发展出多元化的贫困问题研究范式。相对贫困概念产生时被定义为一种社会剥夺的不公平客观状态，相对贫困理论引入中国后，国内学者更多是以社会比较的视角来理解相对贫困问题，认为相对贫困不仅是一种社会构建问题，更是相对贫困群体的比较与自我认知。也有学者将我国绝对贫困问题终结后的相对贫困问题治理时期定义为后脱贫时代，围绕这一时期相对贫困问题的内涵、产生机理、定义标准和治理路径的研究也十分丰富。

关于相对贫困产生的原因，其研究层面有结构主义、文化主义和能力主义三种视角。结构主义者认为社会排斥带来的公共服务不均等、收入分配体系不完善等"贫困陷阱"是相对贫困产生的重要原因，文化主义者认为对个人弱点的文化认知不足是相对贫困产生的重要因素，能力主义者则认为相对贫困群体的产生是这一群体自我能力不足造成的。相对贫困的认定标准有收入测算和多维评价两个标准。联合国以人均收入的50%为相对贫困的界定线，欧盟则划定了年人均收入60%的相对贫困标准，这种相对贫困可以被界定为收入相对贫困标准。近年来，围绕多维相对贫困的标准界定，学界有诸多不同的观点。檀学文（2020）认为在共同富裕的视角下应该构建多元的相对贫困标准，分类覆盖兜底、数值、比例、多维和共享繁荣五大方面的指标。也有学者认为后扶贫时代我国的相对贫困标准不需要与西方发达国家对接，应该根据我国不同地区的实际发展情况差异，结合人均收入水平的国际排位，遵循中位数40%这一收入标准，兼顾社会、文化及生态等综合指标（王小林，2017；孙久文，2021）。

关于相对贫困问题治理路径的研究，学者们主要从反贫困治理体系建设、与乡村振兴的有效衔接，及相对贫困群体的能力提升等几个方面展开。即要从国家层面的宏观战略、中观层面的社区整合及微观层面的乡村治理三个层面建立以内生动力、家庭资源、社会风险等为内容体系的返贫干预模式（吴高辉，2020；胡世文，2021），统筹城乡相对贫困的有效治理。要在"双循环"的指导下，从理论、历史、政策和内在关联几个方面来把握相对贫困治理与乡村振兴的战略衔接（郑瑞强，2021）。要以人文价值和人的全面发展理念加强精神扶贫，提升相对贫困群体的脱贫能力。

二、乡村振兴战略研究

（一）乡村振兴的内涵要义

乡村振兴是相对于乡村衰落而言的。与城市化和现代化的进程相似，当前农村在经济发展、农民增收、硬件条件不断改善的同时，许多地区农村的村容村貌、农田水利、生态环境却普遍呈现衰败的景象，城市的繁荣与农村的凋敝形成了鲜明反差。乡村衰落是现代化的必然代价，这似乎成为各国难以避免的"现代化陷阱"（苏毅清，2017）。

我国是世界上最大的发展中国家，城乡二元经济结构、工业农业的"剪刀差"是导致农村生产力落后的主要原因，我国发展最大的不平衡就是城乡发展不平衡，最大的不充分就是农村发展不充分。习近平总书记提出的乡村振兴战略源于马克思、恩格斯的农村发展理论和城乡关系理论，是社会主义农村发展思想在中国的发展与实践。1847年，恩格斯在《共产主义原理》中提出城乡融合的概念，其基本思想就是消除由产业不同带来的城乡就业对立、人口空间分布上的不均衡及由此产生的城乡福利差异。乡村振兴就是要实现乡村宏观价值和微观价值的全面提升（张军，2018）。目前，我国农村受要素资源和经营主体限制，产业融合程度低，农产品国际竞争力弱，且供求不对等；土地资源规划不完善，碎片化土地利用率低，生态环境十分脆弱；农村金融服务体系滞后，资金向农村投入不足；乡村自治制度不健全，法律监督不到位，农民利益诉求表达渠道不畅通，宗族势力和黑暗势力在农村依然个别存在；乡村文化"沙漠化"现象严重，攀比、赌博等旧风陋习亟待改善，教育、医疗、养老等公共服务保障体系的城乡差距依然巨大（廖彩荣、陈美秋，2017）。解决这些乡村发展面临的现实困境就是乡村振兴的工作重点。乡村要振兴，需要破除制度体系障碍，扭转单项城镇化趋势，建立城乡要素双向流动机制；摒弃对"小农户"的传统误解与偏见，传递出"小农户"能有"大作为"的信心和信号；充分认识"小农户"在乡村振兴中的主体地位，开发其独特优势，为乡村振兴组织起出色优秀的"群众基础"；处理好乡村振兴与新兴城镇化、乡村农业与非农产业发展、传统农业与特色农业三组关系，走优化配置农业生产要素、充分挖掘农业多重功能、深化供给侧结构性改革、完善政治支持保障体系的发展路径（陈秧分、王国刚、孙炜琳，2018）。

乡村振兴目标的实现是产业融合系统、人力资源系统、乡村善治系统、绿色发展系统、脱贫攻坚系统等多个系统协同推进的结果，需要在巩固拓展脱贫攻坚成果的基础上构建一个包含人才耦合、产业耦合、治理耦合、环境耦合、脱贫耦合等在内的多元耦合系统，需要加强顶层设计与微观扶贫政策的有效对接，以"外引"与"内育"的结合汇聚脱贫致富新力量，以"农业产业"与"其他产业"相融合培育脱贫新动能，以自治为本、法治为要、德治为基"三治合一"构建扶贫治理新体系，以"绿色发展"与"质量兴农"相结合推进绿色富民新格局（陈小燕，2019）。以产业扶贫来引领产业兴旺，以生态扶贫推动生态宜居，以教育扶贫引领乡风文明，以民生扶贫推动生活富裕（章文光，2019；邓曲恒，2019）。强化科技引领，基于内生动力、发展要素和发展路径，构建高绩效的乡村建设系统与组织文化（廖文梅，2019）。

（二）乡村振兴与相对贫困治理关系研究

经济社会发展到一定程度后，无论是发达国家还是较为发达的发展中国家，都通过乡村的振兴与重构来发展乡村经济，促进农业农村发展（陈秧分，2018）。相比于绝对贫困，农村相对贫困具有范围广、时间久、治理难等特征。全面建成小康社会后，我国贫困的发生机理也更加复杂，贫困问题的治理迫切需要实现以可持续脱贫为导向的贫困治理战略转型，建立面向相对贫困治理的稳定脱贫长效机制。农村相对贫困问题的解决，是守住底线、防止返贫、实现共同富裕的现实要求。农村是相对贫困治理的主阵地，乡村振兴战略则对农村相对贫困治理具有积极的正效应（张雅新，2023）。乡村振兴战略的提出与推进为解决乡村贫困提供了新思路，缓解相对贫困是乡村振兴战略的内在要求。康晗（2022）在分析相对贫困内涵、特征及治理战略的基础上，结合考察河北相对贫困治理的实证数据，阐释乡村振兴战略视野下相对贫困治理的逻辑与机制，提炼出以党的政治领导为核心，以产业技治、文化内治、社会共治、民生善治及生态法治为手段的相对贫困治理逻辑。凌经球（2019）提出要通过乡村振兴战略的总要求推动相对贫困治理，统筹推进乡村的产业、人才、文化、生态、组织"五大振兴"，促进欠发达地区农村经济、政治、文化、社会和生态各方面的协调发展，全面提高相对贫困人口的共享发展水平。何登录（2022）基于新内生式发展理论提出乡村振兴背景下的农村相对贫困治理的分析框架，从推动区域协同发展、助力乡村产业发展、提高低收入群体致富能力、发展农村数字普惠金融、优化与重塑乡村地方组织模式、合理设定相对贫困线等方面，对乡村振兴与农村相对贫困治理协同推进提出相关建议。

（三）中国的乡村振兴实践

自中华人民共和国成立以来，在中国现代化进程中，我国农村社会经济经历了多次重大变革，承担着稳定器和蓄水池功能。实施乡村振兴战略的重点是要为中国农村和农民大多数的小农户雪中送炭，要为缺少进城能力的农民提供在农村生活发展的良好条件（贺雪峰，2020）。同时，我们也要充分认识到乡村振兴的艰巨性和复杂性。巩固拓展脱贫攻坚成果是乡村振兴的基础，确保稳粮增收保耕是基本保障，发展好繁荣农村经济是核心任务，进一步深化农业供给侧结构性改革是要点，破解农村治理困境是关键，推动城乡融合发展是创新途径，调动全社会积极参与是动力源泉，以农业现代化带动农村现代化是最终归宿（苏毅清、王亚华，2017；韩俊，2017）。

从人才振兴视角看，目前，农村人才"失血""贫血"已成为乡村振兴的根本性障碍和最大难题，农村人力资源处于总量"富余"、质量"贫困"的尴尬境地，队伍数量不足、素质有待提高、结构不合理、优秀青年人才短缺，尤其是管理型干部和创业型人才严重缺乏，这是目前乡村人才的真实状况（吴忠权，2018）。大学生村官制度虽然在促进人才城乡流动、选拔培育基层管理人才、扩充党政后备干部队伍上发挥了重要作用，但由于薪资待遇低、福利保障少、办公生活条件差、政策执行不到位等问题，下不去、干不长、待不住、干不好的问题在大学生村官中普遍存在。乡村需要一支在乡村振兴战略实施过程中能够充分理解支持党和国家乡村工作政策、具备推动农村现代化建设的现代技术产业知识、具有立足农村发展强烈的乡村情怀和有科学实践检验的领导潜质的可靠力量。但目前对全国大部分农村而言，新乡贤返乡也还存在工作保障、心理认同和文化认可问题，如何真正发挥作用还需要更多的探索和实践（杨亚琼，2019）。职业教育被认为是新型职业农民培训的主体责任单位，但由于人口外流导致的乡村衰落，由此产生的撤销、合并现象对职业教育系统破坏严重，现存的很多职业教育与农业人才培育链条脱节，无法做到产教融合（高峰，2019）。

从产业振兴视角看，产业振兴是乡村振兴的重点和关键环节，在乡村振兴中起着关键支撑作用。产业振兴要坚持质量兴农、绿色兴农，延长农业产业链，以农业供给侧结构性改革为主线，通过深加工来提供更多农业就业与获利机会。推进农村新业态，促进农村一、二、三产业融合发展，做好乡村产业振兴文章。对产业振兴的认识既要"宽"又要"窄"。"宽"即要有开放的思维培育农村新业态，"窄"即要把利益真正留给农民，避免土地流转与规模经营的盲目性对农民、农业投资者和国家农业安全产生伤害。政府应重点从农产品电子商务产业标准体系建设、培育农产品品牌、培养农村电子商务人才、利用大数据实现精准生产管理营销、升级产业模式等方面来发展农村电商产业（苏毅清、王亚华，2017；贺雪峰，2018；于思文，2019）。杨大蓉（2019）通过对苏州地区区域公共品牌的实证分析，提出农产品区域公共品牌建设的落脚点是农产品附加值提升、农业生产标准化和有效供给、农民增收。

从文化振兴视角看，乡村文化是孕育中华文明的母体，是中国人精神的原点，更是乡村社会赖以存在的精神力量。梁漱溟也说过，"原来中国社会是以乡村为基础，并以乡村为主体的；所有文化，多半是从乡村而来，又为乡村而设——法制、礼俗、工商业等莫不如是。"乡村文化振兴内涵丰富，包含重建乡村道德规范、保留乡村特色文化、丰富乡村文化生活、涵养中华优秀传统文化等多个维度，要正确处理好经济建设与道德建设、社会主义先进文化与乡村地域文化、城市文化与乡村文化之间的关系（李重、林中伟，2022）。当前，许多乡村在治理过程中存在同化现象严重、城市景观泛滥、装饰肤浅、文化特色不明显、文化品牌打造牵强且内涵不足、文艺活动缺乏运作机制等问题，要通过推进升级版"三下乡"（智力下乡、作品下乡、人才下乡），解决乡村文化人才短缺问题；通过拓宽与完善文化艺术下乡的有效路径，全面助力乡村文化振兴（张新江，2018）。此外，要遵从农村文化发展的内在规律和文化自信生成的内在理路，以农村文化传承创新为基本手段，以城乡文化融合发展为关键节点，以保持农耕文化独特性为基本诉求，在乡村振兴过程中建立文化自信（方坤、秦红增，2019）。

从生态振兴视角看，生态问题是国家治理的一个重要方面。由于缺乏环保意识和环境法律保护体系不健全等，伴随着乡村生活方式的变革和城镇化现象的加剧，农村的生态环境也出现了自然资源短缺、生态退化严重和污染严重等问题。乡村生态振兴是基于农村目前的生态现实状况，并结合乡村振兴战略的整体布局提出的，但乡村的生态振兴还需放眼于"五位一体"总体布局中的生态文明建设和新发展理念中的绿色发展理念。针对当前乡村存在的自然资源紧缺、生态意识薄弱、法律制度及基础设施相对落后的问题，坚持绿色可持续发展战略、因地制宜发展绿色产业、加强村民环境保护意识和生态文明素质已成为当务之急（裴宗飞，2022）。特别是农业现代化的生态压力和城乡生态平衡问题在乡村振兴过程中要予以高度重视，要推动多元系统综合治理体系建设，发展生态友好型农业，发挥新发展理念中的"绿色"价值（刘镇玮，2021）。

从组织振兴视角看，党的基层组织是确保党的路线方针政策和决策部署贯彻落实的基础。目前，农村党员人数少、先锋模范作用发挥不够、党员教育治理方式滞后、民众思想的多元化及村集体经济薄弱等问题，削弱了党组织在基层的凝聚力、号召力和战斗力。普法宣传力度不够、法律公信力不足、基层干部依法办事能力较弱，是当前乡村社会治理法治化要解决的实际问题。针对村庄公共事务治理的"去组织化"困境，刘启英（2019）建议再造村庄的治理体制，重塑组织权威；建立新型社会组织，培育公共精神；推动公共文化建设，提升乡村社会文化价值。农村基层党组织在运转形态上存在的"反转、空转与停转"三种异化形态，其根源在于长期以来的农村治理模式把基层党组织作为权力单位来运作，而没有实现其自身结构与功能的调整（朱新山，2010）。落实乡村振兴战略，需要有效整合乡村分散要素、加强农民合作，而农村基层党组织在农民开展合作中居于领导核心地位，是发挥农民合作功能的可行路径（吴重庆，2018）。加强农村基层组织建设，核心的是要有一个好支部、好班子，根本的是要有一套好制度。优化党组织带头人的选拔机制，扩大选拔范围，延长培育周期，把群众认可度高、能力强、政治可靠的党员同志用起来。强化农村基层党组织的政治引领功能，提升思想引领功能，加强组织引领功能，优化服务引领功能。同时，加强村干部的培训、工作生活保障、履职考核和监督，提高其工作积极性，为农民谋幸福（汪俊玲，2018；陈善友，2019）。

（四）国外的乡村振兴实践

欧美发达国家执行的是城乡一体政策，只是在城市和农村发展计划制订时因地制宜加以区分。不过，由于城市和乡村的地位功能和发展思路确有区别，农村和城市发展也产生了一定差距。曾经，国外的乡村也是"苦难""不便"的代名词，但随着一系列乡村价值提升计划和建设措施的实施逐渐改变了这一现象。现在很多发达国家的乡村魅力大幅提升，乡村价值从洼地走向高地，甚至出现了逆城镇化现象。纵观 20 世纪以来国外的乡村振兴实践，其表现出一种基于乡村地域功能导向的乡村价值复兴逻辑，即注重乡村居民的价值存在和实际需求，从农业型乡村向多功能型乡村演化，将乡村产业发展、文化传承、生态保护和生活服务有机统一。

美国针对农民职业技能薄弱状况实施了"工读课程计划"，提高了农民的技能和素质。法国通过"保护旧中心、重建副中心、发展新城镇、爱护自然村"方针加强农村技术设施建设，现乡村生活方式城市化。加拿大跨部门的乡村工作小组制订的"农村协作伙伴计划"、德国 2005—2008 年"农村综合发展"资助计划和"村庄更新"行动、欧盟 20 世纪末实施的"综合性农村开发计划"等，都促进了欧美国家的城乡一体化建设。亚洲的日本和韩国都属于经济分布空间和人口分布空间均极度失衡的国家。为此，日本在 20 世纪 60 年代通过国土开发计划来提升乡村价值，促进乡村发展。1962 年，日本制订第一次全国综合开发计划；1967—1979 年，日本开展新乡村建设；1979 年起，推动"一村一品"运动。这些措施促进了乡村的持续发展。韩国于 1970 年发起"新村运动"，修建村民会馆、敬老院、读书室、运动场、青少年活动中心等农村公共文化设施，旨在缩小城乡发展差距（叶齐茂，2016；金京淑，2010；朴春兰，2015）。

发达国家在 20 世纪六七十年代就基本实现了农业机械化、生产经营的自动化和规划集约化，成本的降低和科技转化带来的价值提升让发达国家的农业和农产品在国际市场的竞争力显著提升。不过,在快速工业化、城市化进程中,国外的乡村也曾为之付出了沉重的生态代价。半个多世纪以来,生态环保问题是工业化国家关注的重大课题,不仅出台了诸多政策,还开展了大量生态修复实践。欧盟1989年出台第一部农业面源污染治理法案,2000年又出台农村发展条例。很多欧洲国家,如英国、法国、比利时、德国,至今国土面积的90%仍然为农田、森林和草场,这与乡村土地立法保护有着密不可分的关系。20世纪70年代以来,有机农业在国外得到快速发展,成为乡村生态价值提升的一个重要标志。各国出台大量立法和强制性措施,加强专业组织的人力资源开发,保护农业的生产要素供给和管理各个环节,保障有机农业的发展。这对我国刚起步的有机农业发展有很好的借鉴意义。

乡村文化也是乡村价值提升的重要内生动力。国外将乡村传统文化视为精神财富和文化传承,对其社会效益的追求超过经济效应。欧洲特别注重对古宅、古教堂、古院落的保护,在新改扩建房屋时会保留传统建筑方式和建筑材料,对承载着传统欧洲乡村文化的田野和牧场环境小心保护,这种自觉与自信是欧洲乡村再次繁荣的基石,也让我们人类有幸至今还能看到古老的欧洲乡村文明。瑞士、美国的乡村社区都属于自治型,农村事务包括涉农法律都只有经过广泛村民参与的程序才是有效的。德国的"巴伐利亚实验"和日本的"大分县造村运动"对村民的主体性释放起到了决定性作用。韩国政府大力推动新村建设。法国的"花园村庄和城镇"活动以村民首创为前提。"农协"也是活跃在国外乡村社区中的重要社会力量,如日本、韩国、荷兰、法国、德国、美国等,各类农协在服务农民生产生活、保障农民权益、实现社区稳定方面扮演着重要角色(张天佐,2017;罗自刚,2018)。

第二节　分析框架

一、研究对象

湖北是中国的农业大省,"湖广熟,天下足"概括了湖北农业在我国农业举足轻重的地位。2018年,《中共湖北省委 湖北省人民政府关于推进乡村振兴战略实施的意见》发布21条措施谋划推进湖北乡村振兴"八大工程",提出要加快构建现代农业产业体系、生产体系、经营体系,提高农业创新力、竞争力和全要素生产率,加快实现湖北省由农业大省向农业强省的跨越。2019年,《湖北省乡村振兴战略规划(2018—2022年)》正式发布,提出"65432"重大行动，明确了湖北省实施乡村振兴战略的路径。本书的研究对象咸宁市地处长江中游，紧靠武汉城市圈，是我国中部地区有名的温泉旅游和生态宜居城市。

按照空间的不同分布，可以将乡镇划分为"近郊型乡镇"和"偏远型乡镇"两种。"近郊型乡镇"距离中心城市相对较近，可吸附于城市周边带动发展。"偏远型乡镇"远离城市，相对独立，与城市连片吸附发展可能性小。2016年，为深入实施创新驱动和绿色崛起发展战略，咸宁市人民政府发布《市人民政府关于加快推进咸宁市幕阜山绿色产业带建设的实施意见》，设置幕阜山咸宁市片区通城县、崇阳县和通山县绿色产业带。咸安区是咸宁市人民政府所在地，与嘉鱼县、赤壁市同属于咸宁市境内的长江流域经济带。本书选取咸宁市幕阜山绿色产业带建设区的通山县和咸宁市境内长江经济带地区的咸安区作为研究对象，这是咸宁市人民政府根据各区县的发展基础、区位特征及资源禀赋划定的两种不同发展模式的建设区域，其乡镇是"偏远型乡镇"和"近郊型乡镇"的典型代表。通山县地处幕阜山区鄂赣二省交界处，属于集中连片贫困地区，是革命老区，以低山丘陵地貌为主，有一定的自然资源和文化底蕴，但同时远离大型城市，相对独立，不具备与大城市连片发展的可能。咸安区既是咸宁市人民政府所在地，也紧邻武汉市，是武汉市都市圈辐射最近的区域。近年来，咸安区依托其资源禀赋及区域优势，积极推进乡村振兴，发展迅速。

本书采用混合研究方法，研究农户的多维相对贫困状况，以及乡村振兴战略推进实施背景下当地的乡村振兴实践及其对农户多维相对贫困的减贫实效。本书通过文献梳理、实地调研和入户调查，在研究中央、湖北省、咸宁市及其县区一级乡村振兴有关政策和文件精神的基础上，以咸宁市通山县为例，梳理当地农村农户多维相对贫困状况，分析其原因及影响因素。咸安区较通山县先一步摆脱贫困，进入脱贫攻坚衔接乡村振兴阶段。本书假设咸安区的乡村振兴较通山县走在前面，以咸宁市咸安区为例，对其基本概况及区位特征进行整理，梳理其实施乡村振兴战略的基础和短板，以及近年来开展的具体实践及其多维减贫成效。本书通过学理和实证分析及实践检验，总结归纳乡村振兴缓解农户多维相对贫困的内在逻辑及实施路径，为乡村振兴战略的有效推进和多维相对贫困的有效缓解提供对策建议。

二、研究内容

本书利用实地调查数据及案例，构建收入、能力、生态、文化和权利五个维度的观察体系，分析农户当前在这五个维度的多维相对贫困状况及其影响因素，对乡村振兴阶段的农户多维相对贫困治理举措及效果进行评估，以期对下一阶段农户多维相对贫困的有效治理以及政府的政策制定和科学引导提供可取的意见建议。本书的具体内容包括：

一是通过学理分析，在全面推进实施乡村振兴战略的时代背景下，探讨乡村产业、人才、生态、文化和组织五大振兴与农户收入、能力、生态、文化和权利五维相对贫困治理之间的内在关联及其理论逻辑、历史逻辑与实践逻辑。

二是在学习借鉴有关学者研究的基础上，构建科学的指标体系，对调研数据进行分析梳理，分类归纳农户当前面临的相对贫困状况及其影响因素，考究其严重程度、对农户生产生活的影响及其诱因，了解农户的发展需求及面临的困境，特别是农户所生活的乡村环境条件的改善对农户相对贫困是否产生影响，找到影响农户多维相对贫困状况的主要因素及关键指标。

三是通过对调研案例的定性分析，在对研究案例和调研对象深入访谈的基础上，考究在脱贫攻坚与乡村振兴衔接阶段，不同的乡村基于差异化的发展基础及发展方式，巩固脱贫攻坚成果有效衔接乡村振兴的各项举措、乡村的具体振兴实践，推演其对农户多维相对贫困的减贫成效及政策启示。

四是集合前面定量和定性的分析，从产业振兴、人才振兴、生态振兴、文化振兴和组织振兴五个方面提出，在全面推进乡村振兴阶段优化农户多维相对贫困问题治理的合理机制和科学建议。

三、技术路线

本书的技术路线见图 3-1。

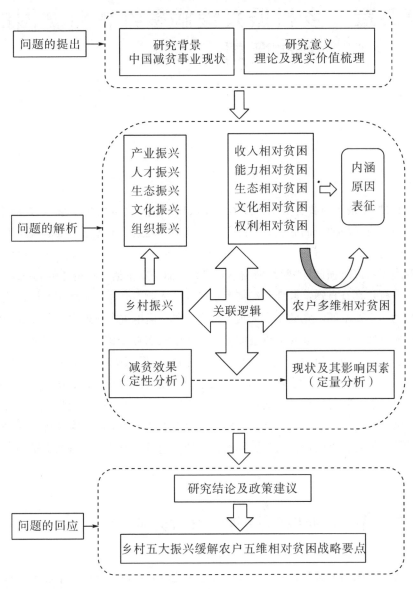

图 3-1 技术路线

第四章　乡村振兴缓解多维相对贫困的内在逻辑

经过 70 余年的脱贫实践，我国农业农村和农民面貌发生了极大改变，取得了脱贫攻坚战的全面胜利，消除了绝对贫困，但这并不等于全面解决了农村贫困问题。2021 年 3 月，习近平总书记在参加十三届全国人大四次会议内蒙古代表团审议时强调："脱贫摘帽不是终点，而是新生活、新奋斗的起点。"

乡村是具有自然、社会和经济三重属性的地域综合体，与城市共同构成人类活动的主要空间。党的二十大报告指出，要全面推进乡村振兴，坚持农业农村优先发展；巩固拓展脱贫攻坚成果，加快建设农业强国。"产业兴旺、生态宜居、乡风文明、治理有效、生活富裕"的乡村振兴战略总要求，不仅顺应了我国乡村社会主要矛盾转变的新变化，而且是当前新时代我国"三农"工作的总抓手。随着社会经济的快速发展和人民生活水平的持续提高，人民对美好生活的需要也更加多元，贫困人口的生活需求从单一的物质需要转变为多层次的社会需要，中国社会的贫困问题也从消除绝对贫困进入缓解相对贫困和多维贫困的新阶段。

第一节　产业振兴缓解收入相对贫困

收入贫困问题研究聚焦于个体收入是否能够满足最基本的生活需要，这是贫困最直接的表现方式。乡村产业振兴通过科学合理布局，优化乡村产业结构；促进产业融合发展，增强乡村产业聚合力；推进质量兴农、绿色兴农，增强乡村产业持续增长力；推动创新创业升级，增强乡村产业发展新动能；完善政策措施，优化乡村产业发展环境，为农民增收创造充分条件。习近平总书记曾指出，乡村振兴，关键是产业要振兴。在乡村振兴战略 20 字方针中，产业兴旺排在首位，其是乡村政治、文化、社会及生态文明建设的基础，是破解农村一切问题的前提，更是缓解农民经济贫困的关键推手。

一、收入贫困的内涵要义

对于贫困这一问题的研究最初是从经济层面开始的，也就是以收入来定义贫困。按照家庭和个人的经济状况来定义贫困，称为收入贫困（income poverty）。19世纪末20世纪初，英国经济学家朗特里（Rowntree，1901）在《贫困：城镇生活研究》一书中把贫困定义为"总收入水平不足以获得仅仅维持身体正常功能所需的最低生活必需品"，这里的生活必需品包括食物、住房、衣着和其他必需品。朗特里估计了一个最低生活支出，即贫困线，并按照这一贫困线估计出贫困人口的数量和比例。这一开创性观点的提出为后来贫困问题的计量研究奠定了理论基础。关于贫困的测算分析后来发展成两种学派，一种是客观的定量分析学派，另一种是主观的定性估计学派。主观定性估计学派主张在特定环境和人群中，由个体和社会所接受的最低生活标准构成的主观判断来定义贫困。不过，由于地域、气候、文化、习惯等差异性，不同地区、不同人群的最低生存需要是不同的，城市与农村居民的最低生活需要也是不同的。我国也是按照收入标准来定义和测算贫困人口数量的，国家统计局把贫困定义为个人或家庭依靠劳动所得和其他合法收入不能维持其基本的生存需求。

迄今为止，多个国家和国际组织都围绕收入贫困标准来讨论贫困问题，并在此基础上发展出绝对贫困和相对贫困的概念。美国经济学家加尔布雷思（Galbraith，1958）指出，一个人是否贫困不仅仅取决于他拥有多少收入，还取决于其他人的收入水平。如果他的收入水平不变，但其他人收入增加，他会感到比以前更加贫困。由此可见，贫困在这里变成了一个相对概念。绝对贫困与生理需求相关，而相对贫困是与收入分配密切相关的。不过收入只是认识贫困问题的一个维度，后来学界又发展了对贫困问题研究的能力、权利、福利、文化等多维贫困视角。

受资源所限，发展中国家较难实施兼顾减少收入贫困和多维剥夺的政策。Klasen（2000）对于南非的分析表明，消费支出与表征剥夺水平的一些指标有较强的关联，但这种关联在穷人群体中十分微弱。Mahadevan等（2016）研究了越南的贫困问题，发现收入贫困与多维剥夺之间有很强的相关性，认为没有必要采用单独的方案分别应对收入贫困与多维剥夺。张全红（2019）用中国家庭追踪调查（China Family Panel Studies，CFPS）的农户数据，从收入和多维角度对比分析了我国农村2012—2016年的贫困程度和动态转换，发现收入贫困和多维贫困都有一定遗漏率，故主张结合收入贫困和多维贫困评价指数实施精准扶贫、精准脱贫方略。解垩（2020）基于微观数据对城乡收入贫困差异及多维剥夺差异进行了分解分析，发现收入贫困是多维剥夺的决定因素。周云波（2020）以国家卫健委（原国家卫计委）2016年全国流动人口动态监测数据为基础，对农民工的收入贫困和多维贫困状况进行了测度和识别，发现收入贫困和多维贫困测度识别方法在贫困瞄准性方面存在显著差异，收入贫困难以全面、真实地反映贫困的全貌和内涵，但将收入维度纳入多维贫困识别矩阵能够提升多维贫困识别的覆盖率并降低收入贫困的漏出率。

纵观中国减贫历程，收入贫困与多维剥夺的关系愈发紧密，各项减贫政策已逐步从单一关注收入贫困转向收入与多维剥夺并重的趋势。改革开放后，中国以减少收入贫困为导向，以财政扶贫资金为支撑，着重提高经济不发达地区贫困人口生活水平，并确立了以贫困县为主的区域瞄准机制来全面解决基本需求中的温饱问题。脱贫攻坚战实现贫困人口全部脱贫的现行标准也是以收入标准来测算的，并结合了人们生活最低需求的"两不愁三保障"需要。

二、收入相对贫困的原因及表征

（一）收益分配剪刀差带来的收入不均等

农业收入和外出务工收入是农民的主要收入来源。生产资料的数量、生产效率及农产品价格等因素制约了农民收入的增长。在产业利益分配格局中，第一产业处于利益分配的边缘和末端，与第二、三产业的收益差距日趋明显。国家统计局发布的《中华人民共和国2021年国民经济和社会发展统计公报》显示，2021年，我国第一产业增加值占国内生产总值比重为7.3%，第二产业增加值所占比重为39.4%，第三产业增加值所占比重为53.3%。第一产业所占比重持续下降。在居民可支配收入方面，全年全国居民人均可支配收入35 128元，其中城镇居民人均可支配收入47 412元，农村居民人均可支配收入18 931元，农民工人均月收入4 432元，脱贫县农村居民人均可支配收入14 051元。农村人口年人均可支配收入为全国人均可支配收入的53.89%，不到城镇居民的40%（39.93%）。脱贫县人均可支配收入为全国人均可支配收入的39.99%、城镇居民收入的29.64%。按照联合国50%和欧盟60%的相对贫困标准，我国脱贫县人均收入仍处于相对贫困状态。在居民消费支出方面，全年全国居民人均消费支出24 100元，其中城镇居民人均消费支出30 307元，农村居民人均消费支出15 916元，有3 474万人享受农村最低生活保障，438万人享受农村特困人员救助供养。我们通过对消费数据的对比发现，农村人口年人均可支配收入减去消费后年结余3 015元，远低于城镇人口的17 105元，城乡居民的收入和消费结余都有较大差距。而且，农村还有接近 4 000 万人口享受最低生活保障和特困救助，挣扎在绝对贫困线边缘，随时都有返贫风险。

（二）产业发展不充分带来的农村空心化

在产业发展格局中，农村产业结构单一，以第一产业为主，且发展水平较低。党的十一届三中全会推行的农村土地制度和分配制度改革虽然极大地解放了农村生产力，使得农业生产技术的发展进一步提高了农业生产效率，但是农村单一的产业结构不足以消化庞大的剩余劳动人口，剩余劳动力为寻求更加充分的就业机会，必然向城市的第二、三产业转移。农村向城镇的单向人口转移，造成农村空心化程度不断加剧，其导致的直接后果就是土地的大量抛荒和乡村的凋敝。而留守在农村的妇女、儿童和老人的劳动生产效率比较低，创造的剩余价值少，再一次削弱了农业农村经济发展，影响了农民第一产业的增收。

三、产业振兴缓解收入相对贫困的内在逻辑

（一）传统产业发展夯实乡村产业基础

脱贫攻坚时期，我国坚持把乡村传统产业振兴和扶贫工作结合起来，将传统产业扶贫作为贫困地区和贫困人口脱贫的基本方法和有效路径。打赢脱贫攻坚战后的后扶贫时代，产业振兴作为产业扶贫的升级版，继续发挥着巩固、拓展脱贫攻坚产业扶贫成果，进一步做好做大做强农村产业，提高农业全要素生产效率，推动我国农业从传统农业向现代农业转型，推动农村一、二、三产业融合发展的"发动机"作用。传统产业振兴带来的一、二、三产业的融合发展，将延展第一产业的发展链条，提高第一产业的边际效益，成为农村经济建设的强大引擎。

（二）绿色产业发展推动农民增收致富

绿色产业发展吸引工商企业和社会资本下乡，为乡村发展注入"绿色动能"。一方面，乡村的绿色产业发展可以创造出更多就业岗位，拓宽留守乡村群体的就业渠道，提高农民的收入水平和生活质量，使农民的钱袋子"鼓起来"，生活"好起来"。另一方面，乡村的绿色产业振兴能有效筑牢农村的经济基础，推动农村经济发展迈上新台阶，为农村社会各项事业健康发展提供坚实的物质保障。乡村的面貌改善反过来又能进一步促进绿色产业发展，带动更多村民发家致富，进一步缓解收入相对贫困。

（三）新兴产业发展催化农村繁荣复兴

人是农村繁荣的基础，现在农村衰败的主要原因是农村"空心化"。农村

产业结构单一、产业发展水平低下，以及与人的生活相关的教育、医疗、卫生等公共服务发展缓慢，都与人口大量流失有着密切关系。农村新兴产业振兴可通过产业牵引促进劳动力和产业的优化配置，促进生产资料和人力资源市场的充分流通，吸引更多的农村青壮年返回农村、留在农村，吸引城镇的大学生等专业技术人才进入农村、扎根农村，吸引乡贤发挥作用圆梦农村、奉献农村，为农村的振兴发展注入产业基础和人才动能，催化农村的繁荣复兴和农民增收。

第二节　人才振兴缓解能力相对贫困

收入贫困不足以解释所有贫困问题，而能力贫困则是从根本上解决贫困问题的拓展视角。贫困可以被理解为一种因能力缺失而被剥夺的状态，造成贫困的关键原因在人。人及其衍生的能力素质和人力资源是摆脱贫困、实现乡村振兴的关键主体，也是制约农民脱贫致富、实现乡村振兴发展的瓶颈障碍。城镇化进程中，农村精英和剩余劳动力向城市和第二、三产业外流，既是中国经济高速发展的重要经验，也是造成农村凋敝的根源。人才的单向流动，使得乡村的人力资源和人才资本被掏空，陷入村庄"空心化"困境。功以才成，业由才广。要缓解农民的能力相对贫困问题，其关键就是要造就、引进更多服务农业农村发展、引领乡村振兴的人才，用好用活乡村各类人才。与产业、生态等要素不同，人才要素既有赖于物质等显性资源的有力支撑，也根植于隐性的制度和文化环境中。《中共中央　国务院关于实施乡村振兴战略的意见》提出，要把人力资本开发放在首要位置，畅通智力、技术、管理下乡通道，造就更多乡土人才，聚天下人才而用之。振兴乡村人才，积极开发人力资源，强化乡村发展的人才支撑，是缓解能力相对贫困的路径。

一、能力贫困的内涵要义

"能力"（capabilities）是阿玛蒂亚·森福利经济学研究和贫困理论体系中的一个重要概念。在《以自由看待发展》一书中，他指出能力体现了一个人能够达到的各种各样的功能（beings and doings）的组合，代表了一个人获得和选择某种功能的自由（阿玛蒂亚·森，2007）。他认为应该从概念上将贫困定义为能力不足而不是收入低下，指对人们可行能力的剥夺，也就是能力贫困（capability poverty）（阿玛蒂亚·森，1985）。世界银行（1990）根据阿玛蒂亚·森对贫困的理解把无法获得最低生活标准的能力定义为贫困。这里"最低生活标准"不仅包含了收入和消费，而且也包括了医疗卫生、预期寿命、识字能力等。通俗来说，收入贫困指的是收入低下所造成的贫困，能力贫困指的是人的能力被剥夺而产生的贫困。即使两人收入水平相同，但他们的贫困程度可能是不同的。举例来说，如果一名失业者从政府领取到的失业救济金和一个在岗工人的工资收入一样多，且都在收入贫困线之上，那么从收入贫困视角来看，这两者都不属于贫困人口；但如果从能力贫困角度来考虑，失业者显然处于贫困之中，而在岗工人则不是。因为失业者挣钱的能力丧失了，且失业带来的贫困问题绝不仅仅是收入贫困那么简单，还会引发身心健康、社会排斥等其他方面的问题。能力转化为收入比收入转化为能力更难。正因如此，能力贫困比收入贫困更为复杂，且比收入贫困更难消除。能力贫困理论从公众的自由发展目标层面解释贫困，认为贫困不仅仅是一个收入不足的问题，而且是一个能力缺乏的问题，是对收入贫困的丰富和发展。

阿玛蒂亚·森提出的"能力贫困"概念得到了国际社会贫困领域研究学者的认同和采纳，联合国开发计划署在 1996 年发布的《人类发展报告》中提出用能力贫困度量指标（capability poverty measure）来衡量能力被剥夺程度，又在 1997 年出版的《人类发展报告》中提出人类贫困指数（human poverty index）这一新的贫困指标。学术界和国际机构也基于能力贫困理论对多维贫困测度问题做了大量研究。王三秀、罗力娅（2016）对比分析了国外能力贫困概念的理论逻辑和演进过程，提出治理目标转型、治理手段多元和治理形式创新，即经济收入增加与贫困者自我发展能力提升并重、在"增权"视角下充分发挥专业社会工作人员的介入作用和尊重个体独特性，实施个性化救助方式的能力贫困治理。张庆红等（2017）基于能力贫困理论分别构建了新疆维吾尔自治区和安徽省大别山区连片贫困地区多维贫困识别指标体系，给出了重视人力资本、提升贫困人口发展能力、重视身体素质的建议。翟羽佳等（2019）综合个人和家庭所拥有的各种有形和无形资源，选取农户身体素质、受教育程度、生产能力、参与能力、信息获取能力和社会资源利用能力 6 种农户发展能力，考察了云南省四大片区的贫困农户不同维度贫困群体的能力损失情况。结果显示，受教育程度没有发挥其原有的经济发展效用，对低维贫困农户群体作用显著的能力有身体素质、生产能力、参与能力和社会资源利用能力，对中维贫困农户群体作用显著的是参与能力和社会资源利用能力，对于深度贫困农户群体，除了参与能力和社会资源利用能力外，信息获取能力也逐渐对其产生显著作用。

能力贫困概念的提出为贫困地区的贫困问题提供了新的解释路径。陈晓洁等（2018）将扶贫绩效评价指标体系由仅关注贫困者的当期经济增长和减贫人数转变为涵盖经济绩效、社会绩效、环境绩效和人的可行能力绩效的综合绩效评价体系，并对592个扶贫重点县的扶贫绩效进行测度，发现人的可行能力得分排名一直靠后，说明我国扶贫开发过程中对贫困人口的能力发展重视不够，没能从授之以"鱼"向授之以"渔"的扶贫方式转变。美国学者迈克尔·谢若登（2005）提出一种新型反贫困理论模型，他认为个体的资产既包括货币、动产、不动产、自然资源等有形资产，又包括人力资本、文化资本、正式或者非正式社会资本、政治资本等无形资产，若仅仅依靠政府补贴、家庭资助或者实现就业等途径来增加收入，其仍只能维持在低消费能力层次。他提出的反贫困理论模型要求在增加收入的同时对贫困者进行资产建设。联合国开发计划署2003年发布的《人类发展报告》明确提出了六条摆脱贫困陷阱的政策组合思路，其中的核心思想在于提高人们的可行能力和改善社会的发展环境，如通过投资卫生保健、教育、饮水等设施来培育一支社会参与性强、生产率高的劳动力队伍。

二、能力相对贫困的原因及表征

（一）人口单向流动造成农村人才资源流失

《2021年农民工监测调查报告》显示，我国现居住在农村的50 979万人口中，2021年全国农民工总量29 251万，其中，外出农民工17 172万人、本地农民工12 079万人、年末在城镇居住的进城农民工13 309万人。农民工占农村总人口比例达57%，除去14岁以下及60岁以上人口36.65%的占比，农村空心化程度已经十分严峻。从年龄结构看，农民工平均年龄41.7岁，其中40岁以下的农民工占比48.2%；从就业地看，本地农民工平均年龄46岁，其中50岁以上的所占比重为38.2%，外出农民工平均年龄36.8岁，其中40岁以下的所占比重为65.6%，本地和外出农民工平均年龄相差10岁；从学历结构看，外出农民工中大专及以上文化程度的占比17.1%，本地农民工中大专及以上文化程度的占比8.5%，外出务工人员的学历程度比本地务工人员的要高。如果把农民工与留守农村的农民进行对比，其年龄、学历差距会更大。农村优秀人才及青壮年劳动力向城市单向转移，造成农村人才资源严重"缺血"，而且农业从业人员还面临着妇女化、老龄化、兼业化的严峻局面。20年后，目前农村的高龄劳动力消失，"谁来种地""怎样种地"这些问题是需要我们迫切解决的。

（二）人力资本水平不高影响农业农村发展

农业劳动力的素质和结构对农业农村现代化发展提出了挑战。长期以来，城乡居民在教育养老、医疗卫生、公共服务等方面享受的服务都存在不平衡、不平等的情况，农业农村人口的规模、素质、结构和效能等都与城市有不少差距，农村"寒门难出贵子""因病致贫""老无所养"现象并不少见。《第三次全国农业普查主要数据公报》显示，截至2016年年底，我国从事农业生产经营的31 422万人口中，年龄55岁以上的占比达33.6%，超过1/3。受教育程度方面，初中及以下文化水平的占比91.8%，高中或中专文化的占比7.1%，大专及以上文化水平的占比1.2%；从事规模农业经营户生产经营（包括本户生产经营人员及雇佣人员）的1 289万人中，初中及以下文化水平的占比89.6%，高中或中专文化的占比8.9%，大专及以上文化水平的占比1.5%；从事农业经营单位生产经营的1 092万人中，初中及以下文化水平的占比72.3%，高中或中专文化的占比19.6%，大专及以上文化水平的占比8.0%。从这个数据我们可以发现，留在农村从事生产经营的人员年龄结构不合理，且普遍受教育程度不高，90%左右的人员只完成了义务教育，十分缺乏能带动农业高质量发展的各类高素质专业人才。

（三）自主脱贫能力不足带来返贫风险

在2022年两会后的记者见面会上国家乡村振兴局表示，经过各方面共同努力，脱贫攻坚成果得到巩固拓展，牢牢守住了不发生规模性返贫底线，没有发生规模性返贫现象。截至2022年7月底，65%的监测对象已消除返贫风险，其余35%的监测对象均落实了帮扶措施。脱贫攻坚阶段，为实现全面建成小康社会目标，不让一个人掉队，国家精准施策，对建档立卡贫困户进行精准帮扶，在政府和社会各界的关心和帮助下，实现了全部贫困户按期脱贫的目标。脱贫攻坚战胜利后，重点监测的具有返贫风险的贫困人口中，很多是通过"输血式"扶贫，即依靠政府的救济摆脱了贫困，由于在扶贫阶段忽略了贫困户自身的脱贫能力培养，目前一些脱贫户还没有形成较好的"自我造血"功能，不具备自主脱贫能力，一旦政府断血，就有可能返回到贫困状态。

三、人才振兴缓解能力相对贫困的内在逻辑

（一）新型职业农民培育提高农民职业素养

新型职业农民指的是以农业为职业，具有相应的专业技能，收入主要来自农业生产经营并达到相应水平的现代农业从业者。新型职业农民是一个相对于传统农民的概念，两者的主要区别在于，前者是一种主动的"职业"选择，后者是一种被动的"身份"烙印。乡村人才振兴聚焦把广大农民培育成爱农业、懂技术、善经营的新型职业农民,让他们能够通过农业生产经营获得稳定的收入、平等的社会保障,让农民成为体面的职业,提高农民职业素养,激发乡村发展的内生动力。新型职业农民的"新"主要体现在具备较好的科学文化知识、掌握现代农业生产技能、富有现代化生产经营理念、具有职业素养和身份认同,这些正是农民职业能力的核心。新型职业农民擅于抓市场与政策,擅融科技与产业,擅领脱贫与致富,是新型农业经营主体的重要组成部分,是发展农业现代化和推动城乡一体化的重要力量,也是提高农民职业能力的正确方向。

(二)农村专业实用人才培养提高人力资本水平

农村专业实用人才指的是活跃在农业和农村经济发展一线,具有一定的科学文化知识和一技之长,能够为农村教育、医疗、卫生、文化、经济和农业现代化发展作贡献的群体,主要包括乡村教师、"三支一扶"人员、农业职业经理人、乡村工匠、文化能人、非遗传承人和农村科技卫生人才等农业农村专门人才。他们是传播科学文化知识、开展专项服务、传承和弘扬乡村文化、带动先进农业技术推广应用和带领农民发家致富方面的能手,是一支提高农村人力资本水平和推动各项事业健康发展的专业力量,是促进农村经济和公共事业的重要推手。乡村人才振兴通过建立城乡、区域、校地之间人才培养合作与交流机制,加强农村专业实用人才队伍建设,为农村的教育、卫生、医疗、农业技术发展等提供充足的人力资源保障,其带来的"虹吸效益"有利于提高农村基本公共服务水平,提高农民的整体素质和人力资源水平,并将其转化为农民自我发展的强大动能。

(三)乡村治理人才培养提升脱贫致富能力

乡村治理人才是在乡村社会中,通过使用权威规则、制度约束等治理方式,在乡村开展公共管理的群体,主要包括乡镇和村干部、大学生"村官"、驻村干部、农村党员及乡贤等。乡村人才振兴通过培养造就一支懂农业、爱农村、爱农民的"三农"工作队伍和乡村治理人才队伍,破解农村地区人才瓶颈,推动人力资本要素在城乡之间合理均衡配置,推动乡村社会走向善治,提高乡村的治理体系和治理能力现代化水平,持续带动农民脱贫致富。

第三节　生态振兴缓解生态相对贫困

乡村是由森林、湿地、湖泊、农田等生态系统构成的一个有机生命共同体。绿色是大自然的本色，更是美好生活的底色。良好的生态环境是最普惠的民生福祉。随着社会发展和生活水平的不断提高，人们对生态环境方面的要求越来越高。我国的贫困地区大多位于重点生态功能区或生态环境脆弱区，限制开发或者资源匮乏是造成这些地方贫困的重要原因。相关研究显示，脆弱的生态环境与贫困之间高度相关。生态脆弱区的贫困问题是生态、经济与社会的综合性问题。乡村生态振兴建设整洁优美的生活环境、稳定健康的生态系统、人与自然和谐共生的美丽乡村，是缓解农民生态贫困、促进乡村生态文明建设的必经之路。

一、生态贫困的内涵要义

世界银行在《2000/2001年世界发展报告：与贫困作斗争》中首次提及"生态型贫困"。近年来，基于人与自然关系的正确认识以及扶贫开发理论的创新实践，学界在"生态扶贫"概念的基础上，提出了"生态贫困"概念并进行了热烈讨论。国内学术界关于"生态贫困"的研究大多从贫困与脆弱生态环境的关系角度展开，认为贫困与脆弱生态环境伴生，进而提出"生态扶贫"是生态建设（保护）与扶贫开发的融合统一，是通过生态保护与扶贫开发的同步发展，实现贫困地区人口资源环境协调发展的一种扶贫方式（沈茂英、杨萍，2016）。龙先琼（2019）将生态贫困定义为因生态问题而无法从自然生态环境中获取必需的生存和发展资源而陷于贫困状况，并从特定时空中的主要致因将其分为环境退化型生态贫困、自然灾变型生态贫困、能力脆弱型生态贫困和行为后果型生态贫困四种类型。张慧芝（2018）认为生态贫困是因生态环境供给小于生态需求而导致的区域贫困，常集中发生于生态脆弱区。杨定、杨振山（2021）将生态贫困定义为地区资源环境要素耦合失调导致居民基本生产生活条件被剥夺而形成的特殊贫困，是资源环境要素相互作用的结果。在资源环境要素作用下，生态环境恶劣地区极易形成生态贫困与经济贫困、社会贫困等叠加的多重贫困。这些"生态贫困"的理念都是基于"生态扶贫"思想提出的，揭示了贫困陷阱中生态环境与贫困的关系，为提升生态系统稳定性和促进生态脆弱区绿色发展提供了应对视角。对"生态贫困"概念的理解应当从人和生态两个维度来把握：人的维度就是生态贫困是人的贫困，贫困的主体是人，而且是群体性的人；生态的维度是指这种人的贫困是生态性贫困，也就是导致人的贫困的致因或主要致因是生态因素，是人们所处的自然生态环境出了问题而引起人的贫困。

学界还有一种聚焦于"生态"视角的"生态贫困"定义。陈南岳（2001）主张的"生态贫困"内涵是人类的生态需要得不到正常满足的一种状态。韩跃民（2019）认为"生态贫困"又可称为"生态型贫困"，是与经济贫困、文化贫困相对应的概念，特指因自然、人为等因素造成生态环境的破坏和恶化，或是由于生态产品供给严重滞后于人们合理的基本生态需求而导致部分社会群体生活质量下降的一种特殊贫困样态，并根据产生原因将生态贫困划分为自然型生态贫困、工业型生态贫困和制度型生态贫困三大类别。本书在充分吸收借鉴前面学者相关研究的基础上，结合"人的美好需求"观点，对所讨论的"生态贫困"作以下定义，即因自然或人为因素使人的生态需求得不到满足的状态，并将生态贫困划分为自然维度生态贫困、环境维度生态贫困和经济维度生态贫困三种类型。

生态贫困评价及其影响因素是生态减贫理论的基础，部分学者尝试设计生态贫困维度定量评价生态贫困程度。许月卿、李双成等将神经网络引入生态贫困评价，以人均生产总值、人均农业产值等经济指标与资源环境要素之间的关系设置贫困等级，描述资源环境要素与生态贫困等级之间的关联（许月卿，2005；李双成，2006）。杨定、杨振山（2021）将 BP 神经网络模型和 DEMATEL 方法结合，以贫困发生率和资源环境要素构建生态贫困评价体系，对藏北深度贫困地区色林错的生态贫困水平及其影响因素进行了分析。

二、生态相对贫困的原因及表征

（一）资源过度索取导致生态脆弱性加剧

我国重点扶持的贫困县约有 1/2 分布在西南地区，1/4 分布在北方干旱、半干旱和荒漠草原牧区，1/4 分布在青藏高寒山区。这些地区生态环境脆弱、自然灾害频繁、农业资源短缺、生产力水平低下。在人类的生活实践中，当环境与人类生存有冲突时，人类在生存阶段往往会选择对生态采取征服和索取的态度来"战胜"大自然，而过度消耗自然资源，破坏了原有的生态平衡。改革开放以来，中国经济取得巨大成就，但随之而来的经济增长和生态环境之间的矛盾也日益凸显，简单粗放的发展方式和过度的资源开发使生态环境付出了沉重的代价。贫困地区的农民为了生存，对资源的过度索取和消耗导致生态资源破坏严重，进一步加剧了贫困地区的生态脆弱性。费孝通（1999）在内蒙古赤峰地区考察时就提出，当地生态失衡的主要原因是滥砍、滥牧、滥垦和滥采的"四滥"行为。生态环境的恶化和脆弱性的加剧反过来又进一步加重了生态贫困地区的经济落后，陷入"生态恶化—贫困加剧"的生态贫困恶性循环。

（二）污染防治不当造成生态承载能力下降

长期以来，由于缺乏科学认识，我们对生态环境保护的历史欠账多、起步晚、认识浅，化肥、农药、地膜的大量使用和畜禽水产养殖等造成的农业面源污染问题给农业生态系统带来严重破坏。改革开放以来，高污染、高排放的发展模式对生态环境造成严重破坏，资源被低效率地开发利用，随之带来严重的大气污染、温室效应、农业面源污染、固体废弃物污染、水土流失、土地荒漠化、生物多样性减少等问题，不断逼近我们赖以生存的生态环境资源的承载红线，经济的可持续发展能力受到了严峻挑战。近年来，随着国家对环境污染治理力度的不断加大，一些污染企业从发达地区向欠发达地区的农村转移，给当地农村的生态环境和人体健康带来不良影响。

（三）主体意识淡薄制约人居环境改善

受到传统生活习惯的影响和思想文化素质落后的限制，在传统小农的生产过程中，农民主体的环境保护意识淡薄，农村存在着饮用水水源地保护工作滞后、生活垃圾随意丢弃、生活污水随意排放、厕所整治力度不够及村容村貌混乱等环境问题，进一步改善人居生活环境的需求十分迫切。国家统计局2017年发布的《第三次全国农业普查主要数据公报》①显示，截至2016年年底，全国仅有17.4%的农村生活污水得到集中处理或部分集中处理，全国仅有47.7%的农户饮用的是经过净化处理的自来水，而58.6%的农户使用的是旱厕，还有2%的农户没有厕所，有44.2%的农民做饭、取暖主要使用柴草作为能源，有23.9%的农户使用煤炭，有39.1%的农村主要道路没有路灯。

三、生态振兴缓解生态相对贫困的内在逻辑

（一）实施生态保护修复工程，缓解自然维度生态贫困

面对严峻的环境形势和生态挑战，生态振兴作为乡村振兴战略的重要内容，通过加强宣传教育和科学引导，提高人民群众的生态环境修护和保护意

---

① 此为目前公布的最新农业普查数据，我国农业普查每十年进行一次，第四次全国农业普查标准时间点为2026年12月31日。

识；通过退耕还林、退耕还草、退耕还湖、植树造林、水土保持、沙漠防治、国土整治等一系列治理措施，阻断"生态-贫困"恶性循环，重建"生态—经济"系统的良性运行；通过建立市场多元化生态补偿机制，正确处理开发与保护的关系；通过健全生态系统休养生息制度，有序退出超载边际产能，实现生态经济互利耦合。系列生态保护和修复工程的实施，可有效治理目前面临的农村地区生态脆弱性问题，筑牢乡村经济社会发展的生态生命线，缓解自然维度的生态贫困。

（二）突出农村环境问题整治，缓解环境维度生态贫困

人民群众的幸福源于物质生活的充裕、精神生活的富足和生态环境的美好等多个方面。"我们既要绿水青山，也要金山银山。宁要绿水青山，不要金山银山，而且绿水青山就是金山银山"，习近平生态文明思想中关于"绿水青山就是金山银山"的重要论述系统阐述了发展与环境的关系。生态振兴通过加强环境监管能力建设，整治生态环境污染问题；通过科学有机种植和农业技术推广，加强农业面源污染防治；通过饮用水源保护，加强水环境治理；通过严格管制工业和城镇污染企业向农村转移，努力建设天蓝、地绿、水净的美好乡村家园，满足人们日益增长的优美生态环境需要，缓解环境维度的生态贫困。

（三）推进生态绿色创新发展，缓解经济维度的生态贫困

当前，中国已进入工业化中后期，下一阶段，需要下大力气通过生态振兴将经济增长方式转变到资源节约型、环境友好型的高质量发展轨道上来。乡村生态振兴将农村的生态优势转化为发展生态经济的优势，改革创新发展路径，探索绿色生态发展道路，提供更优质绿色生态产品和服务，开发观光农业、康养旅游等生态项目，让乡村的土地资源、自然资产、人力资本等生产力要素活起来，让资源变资产、资金变股金、农民变股东，推动乡村绿色创新可持续发展，缓解经济维度的生态贫困。

第四节　文化振兴缓解文化相对贫困

乡村文化是在乡村地区环境下孕育、发展和演变而来的区域性文化，主要包括乡村观念、社会心理、行为方式、文化产品等内容。乡村文明是中华民族文明史的主体，是乡村社会的灵魂，在推动社会进步的过程中起着潜移默化的作用。《中共中央　国务院关于实施乡村振兴战略的意见》要求坚持物质文明和精神文明一起抓，加强农村思想道德建设、传承发展提升农村优秀传统文

化、加强农村公共文化建设、开展移风易俗行动，提升农民精神风貌，培育文明乡风、良好家风、淳朴民风。乡村文化振兴可有效缓解当前农村存在的文化相对贫困问题，增强农民的内生发展动力和文化自信，提高乡村社会文明程度，巩固和拓展党在农村的执政基础，实现乡村文化繁荣。

一、文化贫困的内涵要义

文化贫困论是由美国社会学家、人类学家奥斯卡·刘易斯提出的，他认为贫困不仅是一种经济状况，同时还是一种自我维持的文化体系。穷人长期生活在贫困之中，形成了一套特定的生活方式、行为规范和价值体系，对周围人和后代都会产生影响，使贫困一直维持和繁衍（刘豪兴，2004）。哈佛大学教授爱德华·班菲尔德（Edward C. Banfield，1974）认为贫困是一种文化，被贫困文化绊住的个人没有能力为自己的将来作打算，因为他们生活在一种持续了数代的贫困文化之中，他们无法在心理上为将来作出打算。以此为理论依据的扶贫观认为，扶贫的关键在于改造贫困文化，只有使穷人摆脱了贫困文化的束缚，才能真正参与主流社会，分享主流社会发展的利益。文化贫困被视为对文化剥夺（文化不利）概念的发展。文化剥夺指来自相对不利环境中的人对非本阶层文化的不适应，常指社会经济地位相对较低的阶层在智力和情感上难以适应与其文化背景不同的、占支配地位的社会中的学习和生活方式。

对"贫困文化"和"文化贫困"的概念辨析是国内学界关注的重点。贾俊民（1999）较早对二者的区别进行了阐释，他认为，"贫困文化"是贫困人口所拥有的一种安于贫困的价值观，包括听天由命的人生观、安于现状的幸福观、只求温饱的消费观、安土重迁的乡土观、重农轻商的经济观和等靠要的度日等，而"文化贫困"着眼于文化素质低下，属于一种工具理性范畴。吕世忠（2008）认为所谓"文化贫困"是指知识层面的贫困，如知识缺乏、知识不足或文化素质偏低等。郭晓君（2008）把文化贫困分为内涵文化贫困和外延文化贫困两大类别。张鑫（2022）将文化贫困定义为一种文化主体性缺失的状态与过程，它凸显为整体社会层面的人的发展的现代化的二元困境，即社会的发展没有给人的全面自由发展带来更多的机会。沈成宏（2007）通过对盐城农村经济的分析，得出农民整体文化水平低导致劳动生产率低下，文化水平制约农业经济发展水平；而农村经济发展水平的不足又反过来影响农村文化事业发展，制约劳动力素质提高。林岚（2009）指出农村存在文化机构不健全，文化事业经费短缺；文化资源匮乏，活动形式单一；农民信仰危机突出，外出务工造成日常文化活动难以开展等问题。综上所述，本书所指的文化贫困，是相对于收入贫困、生态贫困等要素而言，贫困地区没有建立适应经济社会发展需要的精神文明，贫困群体整体文化素质低下，且文化需求没有得到满足的贫困现象。

二、文化相对贫困的原因及表征

（一）精神贫困造成主体动力不足

贫困问题并非单纯的经济收入问题，而是涉及政治、经济、文化、生态、教育等多方面的综合性问题。贫困不仅仅表现为物质上的困顿，还有精神上的匮乏。古语有云，"人穷志短"，说的就是物质基础的缺乏，限制了贫困群体的生活态度、价值观念和行为模式，落入"贫困亚文化"陷阱。脱贫攻坚阶段，部分贫困群体是在党和政府的帮助下摆脱了贫困，但对国家政策扶持产生了依赖心理。一是存在"安贫享乐""以贫为荣"的落后思想，只想不劳而获，"靠着墙根晒太阳，等着别人送小康"；二是存在"干部干，群众看""群众不急干部急"的畸形现象，部分群众得过且过，"等、靠、要、拿"；三是有些长期处于贫困状态的群众，将自身的贫困归因于命运不公，安于现状、不思进取，缺乏战胜贫困的勇气，主动脱贫致富的动力和信心不足。

（二）供给滞后制约文化事业发展

基础设施是开展文化活动的前提条件，科学有效的管理和丰富多彩的公共服务是发挥基础设施作用的重要保障。目前我国普遍存在对乡村文化重视不够、投入滞后、管理不善等问题。一是对农村的文化投入虽增长较快，但严重滞后。2010年，我国对农村文化经费投入仅占全国文化事业费的36%，远低于城市文化经费投入。"十三五"期间，文旅部通过戏曲进乡村、贫困地区文化活动室设备购置等项目和旅游发展基金，共投入42.96亿元，为贫困地区文化建设、旅游发展提供资金保障，累计培养了1万多名文化工作者，但是投入和支持保障力度与广大农村农民日益增长的文化需求还有较大差距。二是农村文化基础设施普遍存在"重建设、轻管护"现象。许多乡镇文化站面积狭小、简陋破旧，无法开展阵地文化活动，难以满足规模性文化活动需要。很多已建成的图书馆、文化馆活动器材不够，管理不善，形同虚设。三是未定期有针对性地组织开展相关文化活动，为留守农村的老人、妇女、儿童提供的公共文化服务供给不够丰富、匹配不够精准，很多乡村存在"文化沙漠"现象。

（三）转化不好影响文化传承创新

传统文化源远流长，农耕文化是其重要组成部分。改革开放后，乡村物质文明和精神文明没有得到均衡发展，出现乡村社会价值观改变、乡村生活解体和乡村伦理危机等文化衰落现象。一是随着人口的流动和经济的发展，在城市文化与乡村文化的博弈中，乡村的传统文化和农耕文明受到了强烈冲击，带来乡村社会集体无意识和个体精神自觉反思的缺失。二是乡村文化正面临着积极力量和消极力量的强烈辩证冲突，个人主义、拜金主义、利己主义和攀比之风、奢靡之风侵蚀了原本质朴的乡村文化，这些"文化堕距"现象影响社会经济发展带来的文明素养提升。三是人口外流使得古村落衰败荒弃，优良乡风习俗等乡村特色文化在年轻一代没有得到良好的传承和转化，诸多民间非物质文化遗产面临失传困局。

（四）互鉴不够影响先进文化传播

由于乡村文化建设滞后、文化资源匮乏等，现代先进文化在乡村没有得到积极有效的传播，与本土乡村文化的融合也不够充分，未能较好地促进文化互鉴和共同发展。一是好逸恶劳、安于现状、得过且过、听天由命的生活理念不利于主动创造、奋勇拼搏、追求理想等主体性精神力量的产生，难以更好地解放和发展生产力。二是聚众赌博、打架斗殴、封建迷信、霸蛮欺凌、高价彩礼等不良风气在农村不仅没有得到根治，还为宗教在乡村的传播提供了土壤，乡贤想回不敢回、资本想去下不去，十分不利于先进文化在乡村的有效传播。

三、文化振兴缓解文化相对贫困的内在逻辑

（一）唤醒内生动力消解农户精神贫困问题

精神上的贫困是不能满足人们美好生活和发展需要的。摆脱贫困不仅要摆脱物质贫困，还要摆脱意识、思路上的精神贫困。扶贫强调的是帮扶，对扶贫对象而言是输血式、受助式脱贫。而彻底的、长久的脱贫需要激发人的自主性和内生动力，变被动为主动。乡村文化振兴强调的是主动振兴，即通过提高农民自身文化素质，帮助他们改变原来落后的思想状态、价值观念、思维习惯和行为方式，教他们学习先进的科学文化知识，用社会主义核心价值观武装头脑，消除精神上的贫困，从思想上、精神上、行动上自觉主动脱贫，从而唤醒农民内生动力，提高自身发展能力。

（二）增加服务供给改变农村文化落后面貌

公共文化服务是一项惠及人民群众的文明工程。长期以来，由于投入不足、重视不够，相较于城市，我国乡村的文化公共服务长期供给不足，群众性体育活动的基本场所没有得到应有保障，农民群众的基本文化需求没有得到应有满足。乡村文化振兴要求按照有标准、有网络、有内容、有人才的标准，健全乡村公共文化服务体系，推进基层综合性文化服务中心建设，实现乡村两级

公共文化服务全覆盖；推进文化惠民工程，将公共文化资源向乡村倾斜，为乡村提供更多更好的农村公共文化产品和服务。这些举措将有针对性地增加乡村公共文化产品设施和服务的供给，改变原来农村文化设施落后、服务不足的现状，极大丰富人们的精神文化生活，满足农民群众对美好生活的向往。

（三）挖掘文化内涵推动乡村文化产业发展

在社会主义文化建设进程中，乡村有着巨大的文化产业市场。乡村文化振兴战略鼓励充分挖掘和利用乡村文化资源及其内涵，结合当地地域特色完善基础设施，将文化产业发展与大数据、大生态、大扶贫等重大战略行动统一起来，拓展发展思路和成长空间。古建筑、古村落、美丽乡村等优秀的文化资源作为拉动乡村文化旅游产业的基础，带来的经济收入又可以反哺乡村文化建设。与此同时，乡村特色的文化资源还可以带动形成文化产业链，培育新型农民，塑造乡村面貌，切实提高农民群众的幸福感和获得感。

第五节　组织振兴缓解权利相对贫困

农民属于经济力量、政治力量和文化力量相对较低的弱势群体。他们在表达利益诉求和实现自身利益上处于无力状态，在社会竞争中处于不利地位，常表现出承受能力的脆弱性、社会地位的边缘性以及享有资源的匮乏性，这实质上就是农民"社会可行能力"被剥夺的权利贫困状态。从表面上看，其是横亘多年的城乡二元体制造成的差距，深入机理探究，其是农民的发展权利缺失引发的权利贫困问题。解决好"三农"问题，关键在党。乡村组织振兴要发挥好农村基层党组织在政治上引领、思想上引领和致富上引领的组织化作用，建立德治、法治、自治"三治合一"的基础治理体系，实现基层管理服务精细化、精准化，提高组织力、引领力和服务力，缓解权利相对贫困。

一、权利贫困的内涵要义

权利贫困（entitle poverty）是指一批特定的群体和个人应享有的政治、经济、文化权利和基本人权的缺乏导致的贫困，源于"社会排斥"（social exclusion）概念。20 世纪 70 年代，法国学者勒内·勒努瓦（Rene Lenoir）首次提出"社会排斥"概念，强调个体与社会整体之间的断裂。穷人在经济上被边缘化后往往在政治上和社会上也被边缘化了。他们缺乏法律意识，难以获得法律的保护；他们在资源分配上没有发言权利，往往只能接受被分配；他们常常不受尊重，容易被忽视，被排斥在新的发展机会之外。20 世纪 90 年代，学者们把"社会排斥"概念引入贫困问题研究，认为贫困不仅仅是收入水平低下，教育、健康和营养等不足的问题，还包括无发言权、社会排斥这些现象，一个人如果被排斥在主流经济、政治及社会活动之外，也属于处在贫困状态。社会排斥对贫困的影响既有经济上的，也有政治上和社会上的。经济方面，如果将某些人或某个群体排斥在参与某种经济活动之外，那么其可能丧失通过这一经济活动缓解经济贫困或收入贫困状况的机会。政治方面，如果某些人或某个群体被禁止加入政治组织、参加政治活动，没有发言权利，那么其在社会资源分配上将处于不利地位。社会活动方面，如果将某些人或某个群体被禁止参加民间团体和农民协会，被禁止参与社会活动，那么其将无法通过社会网络和社会活动获得发展机会（曾群、魏雁滨，2004）。因此，社会排斥是导致贫困的重要原因，且权利上的贫困往往会伴生很多其他贫困问题。

阿玛蒂亚·森在《贫困与饥荒》中提到，农民的权利应该包括对生产资料的所有权、交换权及享有社会保障的权利，其中"直接权利失败"和"贸易权利失败"是造成贫困的两类主要原因。为从权利的层面认识贫困问题，1986 年联合国大会第 41/128 号决议通过的《发展权利宣言》规定每个人都有权参与、促进并享受经济、社会、文化和政治发展，来充分实现所有人权和基本自由，从而最终确保每个人免于贫困的权利的实现。权利贫困将政治、社会和文化等制度因素融入贫困概念，指出贫困的社会根源。我国过去所实施的城乡二元体制和因此而生的诸多城乡隔离制度，从某种意义上来说也是对农民的一种社会排斥。一个社会如果要消灭贫困，就必须创造公平的社会环境，消除制约社会阶层流动的制度政策，从权利角度保障居民享有自由平等的发展权利，这样才能真正从根源上消除贫困。

目前对权利贫困的度量较难通过货币方式进行评价，主要是通过访谈的方式调查，即通过对调查对象的调查询问了解有关评价。周明海（2009）基于阿马蒂亚·森的可行能力视角，提出了培育表达自由、经济条件、基本公共服务均等化、迁徙自由等提高中国农民可行能力、治理农民权利贫困的建议。黄万华（2014）基于权利贫困与能力贫困，剖析了湖北省鄂东北农村地区贫困的原因，分析了能力贫困、权利贫困与阶层固化、政府信任感的影响机理，提出要消除社会阶层流动壁垒、实现发展机会平等的建议。王林涛（2020）从经济权利、政治权利和社会保障权利的角度对我国精准扶贫过程中农民存在的权利贫困问题进行分析和测算，发现我国农村在社会保障层面的贫困发生率较高。

二、权利相对贫困的原因及表征

（一）自然条件制约造成生产资料权利贫困

生产资料权利包括所有权和交换权。对农民而言，最主要的生产资料就是土地，而对土地的所有权决定了他所拥有的资源禀赋情况。以国家划定的14个国家级连片贫困区中的贫困地区为例，这些地区因地理条件险峻、生态环境脆弱和自然灾害频发等，农民获得良好的土地生产资料的所有权被剥夺，引发发展受限和收入绝对贫困，可见生产资料的权利贫困是集中连片贫困地区发生贫困的直接原因。在市场经济中，商品的交换高度依赖信息的高效互通和资源的自然流动。而我国贫困地区，受限于自然条件、运输条件、信息网络和农民自身素质等因素，农产品在产地被低价收购甚至滞销，而在城市又被高价出售的现象屡见不鲜。农民不能将自己所生产的农产品的经济价值畅通地转化为自身经济效益，商品的经济价值在交换过程中被剥夺，这种生产商品的交换权贫困带来的权利贫困也是造成农民贫困的重要原因。与此同时，生产资料权利的贫困不仅是造成农民贫困的主要原因，还会带来农村阶层固化和贫困代际传递等影响。

（二）基层组织涣散造成政治权利贫困

政治权利，是指公民依法享有的参与国家政治生活的权利，主要指选举权、被选举权、言论自由、担任国家机关职务参加管理国家及参与人民团体和享受荣誉称号等权利。农民的政治权利主要体现在参与农村事务管理、选举村两委领导、决定村产业发展方向和举报监督等方面。因基层组织涣散、缺乏规范的管理和有效的监督等，有些农村的公共资源被有权势的家族垄断，村委会成了一言堂，村民自治成了一句空谈。贫困地区贫困人口的政治权利常常被剥夺。他们无权参与和干涉村内事务决策，发表的个人意见不被尊重，几乎没有被选为村两委领导的机会，常常处于被动接受状态，被隔离在村政治生活之外。政治权利的贫困会带来群众对政府信任感的下降，影响乡村社会稳定。

（三）城乡福利差异造成社会保障权利贫困

社会保障是以国家或政府为主体，通过国民收入的再分配，对公民在暂时或永久丧失劳动能力以及各种因素导致生活困难时给予物质帮助，以保障其基本生活的制度。国家和政府是社会保障的责任主体，公平是社会保障的基本要求。我国的社会保障制度主要包括社会保险、社会救助、社会优抚和社会福利等。近年来，我国不断加强完善城乡社会保障制度体系建设，积极探索农村社会养老保险制度，加快完善新型农村医疗保障体系，但是由于历史原因和城乡二元体制，城乡社会福利差异带来的社会保障差距明显。城镇的社会保障制度优先于农村，社会保障投入远大于农村，进城务工农民工的社会保障以及农村的教育、医疗及社区福利等社会福利远远落后于城镇。社会保障权利的贫困会对农民的获得感、幸福感带来负面影响，容易引发农民的负面情绪，带来被剥夺感。

三、组织振兴缓解权利相对贫困的内在逻辑

（一）政治能力建设推动"三农"改革措施落地

组织振兴发挥基层党建引领政治功能和村干部"领头雁"作用，激发基层组织活力，统筹抓好乡村的经济建设、政治建设、文化建设、社会建设和生态建设，稳步推进各项助农惠农兴农的改革措施在乡村落地更稳、落实更细。政府通过村、乡、区三级联动机制，解决好政策落地"最后一公里"问题；通过壮大农业合作经济组织，发展农村集体经济；通过项目整合、技术引进和信息化平台建设，推动农业的规模化经营、集约化生产，拓宽产业链，提高抗风险能力，促进农户的生产资料和农产品的自由流通，带动农民生产资料的交换流通，提高农业各生产要素活力和农产品效益。

（二）治理能力建设完善"三治合一"治理体系

组织振兴以乡村基层党组织能力建设为核心，进一步巩固和夯实对乡村建设发展的领导，发挥好农村党支部战斗堡垒作用和基层党员先锋模范作用，发挥基层组织的政治功能。突出村民主体地位，建立畅通意见表达和信息沟通渠道。建立村民自治章程和村规民约，遵循民主原则处理村民矛盾纠纷。强化村委会自治和村民民主监督，公正科学推动乡村公共事务决策。深入推进自治、法治、德治相结合的乡村治理模式，推进农村"三治合一"的治理体系现代化。依据法律标准和道德规范保障和维护村民的合法政治权利，解决贫困人口的政治权利相对贫困问题，实现乡村有效治理。

（三）服务能力建设补齐社会福利保障短板

组织振兴按照《中共中央 国务院关于实施乡村振兴战略的意见》要求，凝聚其他群团组织和社会团体力量，增强各组织的战斗力、组织力、凝聚力和引领力，提高全心全意为人民群众服务的责任感、使命感，通过网格化管理将服务重心进一步下沉，尽可能多地把资源、服务、管理下放到基层。创新基层管理体制机制，整合优化公共服务和行政审批职责，打造"一门式办理""一站式服务"的综合服务平台。在村庄普遍建立网上服务站点，逐步形成完善的乡村便民服务体系。大力培育服务性、公益性、互助性农村社会组织和公益组织，发动社会力量，针对留守群体建立关爱体系，积极开展农村社会工作和

志愿服务，为农民提供更好的教育、医疗、养老和社会福利保障，解决社会保障权利相对贫困问题。

本章小结

马克思在《1844年经济学哲学手稿》中分析构建了人的肉体需要、自然需要、社会需要、交往需要和文明需要等人的自然属性、社会属性产生的多元需要体系。美国心理学家马斯洛的需求层次理论将人的需要分为生理需要、安全需要、社交需要、尊重需要和自我实现五大层次，他指出人的需要是与生俱来的，也是激励和指引个体行为的力量。低级需要关系个体的生存，高级需要满足个体的生长和发展。高级需要的出现是以低级需要的满足为前提的，同时需要良好的社会条件、经济条件和政治条件这些外部条件的支撑。唯物史观认为，人的全面发展是人类最高理想，也是人类社会的发展规律，社会主义制度是实现人全面发展的社会条件。马克思和马斯洛都将人的生理需要作为人的基础需要，这是人作为自然人的自然属性决定的，消除绝对贫困解决的就是人的基础生理生存需要，但人还有其发展需要和社会属性，这些需要就是人维持社会存在和全面发展的需要。

我国打赢脱贫攻坚战，实现了农村贫困人口"两不愁三保障"，解决了区域性整体贫困和绝对贫困问题，这一历史性伟大成就为乡村振兴奠定了坚实基础，其成功经验也为乡村振兴战略的有效实施提供了宝贵经验和辩证思维。随着脱贫攻坚成果的巩固拓展及与乡村振兴战略的有效衔接，我们发现，脱贫攻坚阶段没有解决的农村多维贫困问题的特征和要求与乡村振兴的发展路径和目标高度契合，乡村振兴战略不仅是新时代破解城乡发展不平衡和农村发展不充分难题的必经之路，更是缓解农村多维贫困的必然选择。乡村振兴以产业兴旺为重点、生态宜居为关键、乡风文明为保障、治理有效为基础、生活富裕为根本，着眼于从根本上解决"三农"问题，破解脱贫攻坚阶段未能完全消除的农民收入相对贫困、能力相对贫困、生态相对贫困、文化相对贫困和权利相对贫困等多维相对贫困问题，统筹推进农村经济建设、政治建设、文化建设、社会建设、生态文明建设和党的建设，促进城乡社会平衡发展和乡村充分发展，助力共同富裕。

第五章 农户的多维相对贫困测度与影响因素分析——以咸宁市通山县为例

自 2010 年以来，联合国持续公布全球多维贫困指数，贫困的多维特征备受世界各国关注。随着中国经济的发展转型、社会主要矛盾的变化和脱贫攻坚战的全面胜利，我国的贫困问题呈现出新特征，贫困的表现形式更加多元化。多维贫困理论与方法就是研究当下中国应对和缓解发展不平衡、不充分的贫困问题新视角。大量研究证明，我国虽未将多维贫困指数作为官方主要贫困指标予以公布，但在政府多年推行的精准扶贫工作实践中已经体现了多维贫困治理的思想，如在扶贫目标中包含收入和生活总体质量多维目标的改进，扶贫方法中包含提高收入、均衡教育、住房供给、产业扶贫等多种渠道，扶贫主体中包含财政、民政、卫生等多个政府部门（陈宗胜，2022）。乡村振兴战略是我国新时代解决"三农"问题的总抓手，是缓解中国当下农村多维贫困问题，不断缩小区域间、城乡间、居民间的多维差距，实现共同富裕目标的有效路径。本章在第三章关于乡村振兴与农村多维贫困治理的内在逻辑分析的基础上，构建包含收入、能力、生态、文明和权利五个维度的多维相对贫困指标体系，对样本地区的农户多维相对贫困程度进行科学测度和归因分析，为后文案例研究和政策建议奠定基础。

第一节 多维相对贫困指标体系

一、农户多维相对贫困指数

（一）多维贫困指数

多维贫困指数（Multidimensional Poverty Index，MPI）是 2010 年联合国开发计划署（UNDP）与牛津贫困与人类发展中心（OPHI）合作提出的多维贫困指数，其在健康、教育和生活水平三个维度上选取 10 个指标来测算个体或家庭的多维贫困状况，具体包括：健康（营养状况和儿童死亡率）、教育（儿童入学率和受教育程度）、生活水平（饮用水、电、日常生活用燃料、室内空间面积、环境卫生和耐用消费品）。其详细维度和指标情况见表 5-1。根据这个指标测算，如果一个个体的剥夺指标加总后的数值大于 1/3，则表明其为多维贫困户，值越小说明贫困程度越低；反之说明贫困程度越高。MPI 弥补了 HPI 维度指标的不足和 HDI 度量上的缺陷，能从微观层面反映个体和家庭的多维贫困程度，为特定区域、特定群体和不同群体之间的多维贫困问题研究提供了新的分析工具。目前，MPI 测度是国际通用的多维贫困指数测度方法，它的应用覆盖了全球 100 多个国家。联合国开发计划署（UNDP）每年应用这一指标体系发布"全球多维贫困指数"。2021 年 10 月发布的报告显示，全球不同族群间的多维贫困差异有时比不同地域间的差异更大。在调查覆盖的 109 个国家的 59 亿人口中，超过 67% 的人生活在中等收入国家，约 22% 即 13 亿人处于多维贫困状态。

表 5-1　多维贫困指数（MPI）详细维度及指标情况

维度	指标	阈值	权重
健康	营养状况	家中有 70 岁以下人口营养不良	1/6
	儿童死亡率	在调查前 5 年内家中有儿童死亡	1/6
教育	受教育程度	10 岁及以上人口未完成 6 年学校教育	1/6
	儿童入学率	8 年级之前的适龄儿童未入学	1/6
生活水平	日常生活用燃料	家中使用牲畜粪便、秸秆、灌木、木材、木炭或煤做饭	1/18
	环境卫生	厕所设施没有得到改善，或与其他户共用改善了的厕所设施	1/18
	饮用水	家中不能获得安全饮用水，或来回至少需步行 30 分钟	1/18
	电	家中不通电	1/18
	室内空间面积	家庭住房不足；地面由泥土、沙土或粪便制成，住宅没有屋顶或墙壁，住宅或墙壁使用的是未经装修的自然材料（甘蔗、棕榈、松散石头等）	1/18
	耐用消费品	下列资产中家庭所拥有的不超过 1 项：收音机、电视、电话、电脑、动物拖车、自行车、摩托车或电冰箱，并且没有汽车或卡车	1/18

数据来源：《2020 年全球多维贫困指数报告》。

多维贫困指数也是研究中国贫困问题的重要工具。中国学界进行多维贫困研究的维度及指标选择，通常是基于 UNDP-OPHI 的 3 个维度 10 个指标体系，并结合中国的具体情况在此基础上进行调整、扩充，比如去掉了儿童死亡率指标，将医疗保障、医疗服务等其他表征健康的变量加入健康维度中，还有一些研究加入了收入、就业、赋权、主观感受等方面的维度指标（陈宗胜，2022）。张璇玥、姚树洁（2022）基于对中国家庭追踪调查（CFPS）2010—2018 年 4 390 个农村家庭样本数据的分析追踪发现，中国农村多维贫困的主要问题是贫困者受剥夺程度深，深度贫困者返贫阻碍了多维贫困的进一步下降，中国农村的贫困特征已从生存困难向发展不足转变，农村家庭的能力匮乏点已经从儿童辍学、医疗保险与养老保险转变为劳动能力、医疗负担与日常结余等抗风险能力与发展能力。刘玉杰（2021）基于我国 31 个省（自治区、直辖市）的数据，运用主成分分析方法研究了我国省际区域多维贫困情况，研究结果表明我国各个地区的多维贫困存在程度上的差异，其中北京等地区已逐步脱离多维贫困，西藏等地区存在严重的多维贫困问题，其余地区则呈现不同程度的多维贫困。陈宗胜（2022）梳理了近 20 年多维贫困理论及测度方法在中国的应用研究和治理实践，发现我国的多维贫困深度在不断下降，尤其是2009 年以来下降幅度加快，这表明在不同扶贫政策的演进下，我国农村地区包括收入维度的多维扶贫已经取得明显成效。

随着脱贫攻坚目标任务的完成，中国的贫困问题治理进入了多维贫困和相对贫困治理的后扶贫时代。表 5-2 统计梳理了 2020 年以来国内学者在多维贫困识别方面所做工作的 31 篇文献，包括研究对象、使用数据、测度方法、维度设计、指标选取五个方面的基本情况。从研究对象上看，在多维贫困的研究中，不同类型的特殊群体的多维贫困状况引起学者们的高度关注，如城乡居民、农民工、儿童、老年人、妇女、少数民族、留守群体、生态资源匮乏地区等；从数据来源上看，学界现有的多维贫困研究常用的数据库包括中国健康与营养调查（CHNS）、中国家庭追踪调查（CFPS）、中国家庭收入调查（CHIP）、中国综合社会调查（CGSS）、中国流动人口动态监测调查（CMDS）数据库，国家统计局公布的统计年鉴数据及入户调研数据等；从测度方法上看，神经网络方法、主成分分析方法、案例分析方法等都被运用于多维贫困的识别，但是 A-F 双界线法的运用最为普遍；从贫困维度设计上看，通常是基于 UNDP - OPHI 的 3 个维度 10 个指标，并结合中国的具体情况在此基础上进行调整和扩充，针对收入、健康、教育、医疗、生活水平等维度的研究较多，有些研究加入了就业、赋权等主观感受方面的维度；从指标选取上看，因数据来源的不同和测算方法的差异，各维度采用的细分指标会有所不同，但基于同一公开数据库的研究，其细分指标差异不大。

表5-2　关于多维贫困识别的维度与指标选择的文献整理（2020年以来）

作者及年份	数据来源	测度方法	研究主体	维度	指标
张金萍、林丹，2020	入户调研数据	A-F双界线法	农村家庭	教育、健康、居住、生活、收入	家庭成员最高学历、儿童就学情况、新型农村合作医疗情况、患病情况、安全住房、营养状况、穿衣状况、厕所等
高若晨，2020	CFPS	A-F双界线法	外出务工人员	教育、健康、生活标准	入学儿童、受教育程度、医疗保险、健康状况、安全饮用水、炊事燃料、家庭资产、住房紧张度
贺坤、周云波，2021	CMDS	A-F双界线法	农民工	收入、教育、社会保障、住房、就业、健康、社会融入	总收入、文化水平、五险一金、住房情况及公积金、工作可持续程度、就业性质、周工作时长、健康关注、疾病防治、优生优育、长期居住意愿、户口迁入意愿
王亚柯、夏会珍，2021	中国居民收入分配课题组数据	A-F双界线法	老年群体	收入、健康和医疗、住房设施	人均收入、自评健康、是否因病影响生活、是否参加医疗保险、自有住房等
程威特，2021	CFPS	A-F双界线法	城乡家庭	收入、教育、健康、生活	人均纯收入、受教育年限、适龄儿童失学、健康状况、营养不良、慢性病、医疗保险、饮用水、做饭燃料
李剑芳、朱道才，2021	入户调研数据	A-F双界线法	大别山连片特困地区农村家庭	家庭收入、劳动人数、未上学儿童、文化素养、健康状况、医疗保险、资产情况、饮水条件、电力网络、住房条件、卫生设施、生活燃料	家庭年人均纯收入、家庭劳动力人数、未完成九年义务教育、家庭主要劳动力中小学及以下文化程度、家庭成员患有重大疾病或者残疾、家庭成员未参加医疗保险、家庭拥有耐用消费品数量、家庭饮用水为未净化处理的自来水或地下水、家中未通电通宽带或经常断电断网、家庭住房为土坯或木式等结构或存在安全隐患、家庭无卫生厕所或垃圾未集中处理、农户以柴草等为主要生活燃料
王丽春，2021	CFPS	案例分析	河北省H县	精神、知识、隐性、代际	—

表5-2(续)

作者及年份	数据来源	测度方法	研究主体	维度	指标
宋家豪,2021	CFPS	A-F双界线法	农村留守群体	留守老年人:经济水平、生活质量和健康状况	留守老年人:家庭人均收入相对贫困状况、身体健康自评、精神孤独状况、燃料使用情况、饮用水情况
				留守妇女:经济水平、教育程度、健康状况、生活质量	在留守老年人测度指标基础上增加女性劳动收入相对贫困状况、受教育程度
				留守儿童:经济水平、教育程度、健康状况、生活质量	在留守老年人测度指标基础上增加适龄失学情况、营养健康状况
刘玉杰,2021	官方统计数据	主成分分析法、系统聚类分析法、Moran's I指数法	31个省(区、市)	经济、教育、医疗、文化、科技、交通、能源	人均消费、人均可支配收入、人均国内生产总值、财政支持、文盲比重、每十万人均在校接受高等教育人数、每万人医疗卫生机构床位数、电视覆盖率、每万人申请专利数、铁路营运里程、客运量水平、电力消费水平
于慧玲,2021	CFPS	综合指数法	农村家庭	生活条件、经济条件、行为能力、发展机会、社会保障、主观感受	恩格尔系数、土地资源、受教育程度、医疗保险、幸福感等20个指标
陶婧,2021	CFPS	核密度估计法	农村家庭	生活保障、经济状况、可行能力、发展机会、社会保障	人均家庭纯收入、做饭用水、互助受教育程度、劳动力人数、劳动力转移就业占比、医疗保险及救助等14个指标
董金鹏,2021	CFPS	A-F双界线法	城乡家庭	收入、教育、健康、生活水平	人均可支配收入、成人教育、儿童教育、成人健康、儿童健康、炊用燃料、安全饮用水、住房、资产
方迎风、周少驰,2021	CFPS	A-F双界线法	城乡家庭	健康、教育、生活水平、收入	健康状况、重疾状况、长期健康、教育年限、儿童入学、生活燃料、用水状况、住房状况、人均纯收入
车四方,2021	CFPS	随机权神经网络法	城乡区域	居民收入、健康水平、教育程度、医疗水平、生活标准、金融状况、环境质量、工作质量	生理健康、心理健康、互联网、金融产品、工作状态等19个指标
贺立龙、朱方明,2022	大小凉山地区与秦巴山区的村户抽样调查	A-F双界线法	农村家庭	收入与吃穿、教育、健康、住房与用水、家庭资产、基础设施与公共服务、脱贫动能、脱贫认可度与满意度	收入脱贫的层次与稳定性、吃穿的层次与稳定性等32个指标

表5-2(续)

作者及年份	数据来源	测度方法	研究主体	维度	指标
李春根、陈文美,2022	CFPS	A-F双界线法	农村家庭	教育、生活水平、健康、资产、医疗保险、住房和劳动能力	成人受教育程度、适龄儿童入学状况、自评健康、儿童因病就医次数、烹饪燃料、饮用水、耐用消费品价值、成年人是否享有医疗保险、住房面积、劳动力人数
王新哲,2022	CFPS	A-F双界线法	城乡家庭	收入、健康、教育、生活水平	人均纯收入、受教育年限、营养状况、医疗保险、饮用水源、做饭燃料
刘申,2022	CFPS	A-F双界线法	老年群体	经济状况、生活水平、健康状况、主观福利、教育状况、社会融入	人均可支配收入、做饭燃料、自评健康、慢性病、生活满意度、未来信心度、受教育程度、社会交往
张文娟、赵立娟,2022	统计年鉴、国民经济统计公报及实地调研数据	熵值灰色关联法	黄河中上游流域城乡居民	经济发展、社会保障、环境承载	就业、经济、生活、教育、医疗、通信、运输、植被、水文、地理
张琼艺、李昆,2022	社会经济统计数据和数字高程模型数据	PSO-BP神经网络	西南地区县域	经济、社会、自然	人均国内生产总值、农民人均纯收入、人均公共财政预算收入、卫生机构数、人均全社会固定资产投资、人均社会消费品零售总额、坡度大于15度的面积比、平均海拔
秦日浩,2022	访谈调研数据	A-F双界线法	进城务工女性	生活水平、公共卫生服务、精神文化、自我发展	收入、居住拥挤、智能设备、生活满意度、医疗保险、健康体检、社会关系、社会参与、闲暇、职业技能培训、学习意识和行为
朱昌丽,2022	贵州统计年鉴	主成分分析法	贵州省县域	社会福利、经济基础、人力资本、地理区位、资源禀赋	医疗卫生服务水平、中小学教育服务水平、农村居民人均可支配收入、人均地区生产总值、乡村劳动力总量、人口密度、平均高程坡度、人均耕地面积、复种指数、森林覆盖率、人均水资源量
金光照、陶涛,2022	中国老年社会追踪调查数据	A-F双界线法	老年群体	稳健老年生活、宜居养老环境、健康老龄体魄、积极老化精神	收入、住房、社会保障、上下楼梯便利性、网络设置、厕所类型、活动场地、日常活动能力、慢性病状况、生活满意度、孤独感
张斌,2021	新疆统计年鉴、中国县域统计年鉴	A-F双界线法	新疆贫困县	农业发展脱贫机会、非农发展脱贫机会、潜在脱贫机会、内部风险冲击应对、外部风险冲击平滑	人均第一产业增加值、人均农产品产量、人均农作物播种面积、农村劳动力转移规模、产业失联机会、养老风险应对、政府债务风险平滑等20个指标
高明,2021	项目调研数据	A-F双界线法	脱贫后中部农村地区	经济资本、人力资本、基本保障、生活水平	生产性资产、平均受教育年限、健康、农村合作医疗、住房、卫生设施、饮用水、生活用主要燃料、耐用消费品

表5-2(续)

作者及年份	数据来源	测度方法	研究主体	维度	指标
薛冬娴，2022	CFPS	A-F双界线法	中国县域	生活水平、可行能力、经济状况、主观感受	耐用品消费、衣着、住房、智力水平、看病点医疗水平、资产、家庭负担、就业、对未来信心等18个指标
程威特，2021	CFPS	A-F双界线法	城乡家庭	收入、教育、健康、生活水平	人均收入、教育水平、儿童失学、自评健康、营养不良、患慢性病、医疗保险、饮用水源、做饭燃料
张文娟，2022	中国老年人健康长寿影响因素调查数据	A-F双界线法	老年群体	物质、健康、参与、精神	自评经济状况、相对经济状况、住房状况、身体功能、认知功能、慢性病、社交关系、社会活动、孤独感、生活满意度
张咏梅、张萌、赵金凯，2022	中国统计年鉴	ELES模型	城乡家庭	消费	食品、衣着、居住、生活开支、交通通信、文教娱乐、医疗保健、其他
张璇玥、姚树洁，2022	CFPS	A-F双界线法	农村家庭	教育、健康、生活质量、就业收入	教育程度、儿童辍学、教育负担、身体质量指数、医疗保险、医疗负担、食品安全、食物自给、日常结余、基础收支、就业保障、就业状态
张明珠、孟梅等，2022	入户调研数据	A-F双界线法	农村家庭	教育、健康、生活、压力	受教育年限、汉语能力、慢性病、重大疾病、残疾人、饮水来源、卫生设施、做饭燃料、抚养压力、赡养压力

（二）多维贫困识别方法

基于对国内外学者有关文献的系统梳理归纳，当前常见的多维贫困识别问题主要包括两个方面：一是贫困的识别，二是贫困的加总。对多维贫困的识别包括多维贫困主体的识别和多维贫困程度的测度两个方面，有基于公里化和非公里化两种测量方法。其中，对多维贫困主体的识别一般依据国际公认标准、权威机构或国家发布标准，再结合实际调查情况，通过指标阈值的设定和对比来加以识别确定，而多维贫困程度的测量方法主要包括Watts法、A-F双界线法、神经网络法、模糊集法、信息理论方法等。在一段时间内，多维贫困的识别和计算方法按计算特点主要包括两大类：一是使用加总数据的边际计算方法，包括仪表盘法和综合指数法；二是使用微观数据的联合分布法，包括韦恩图表法、随机占优方法、模糊集方法和公理化方法，并由此先后出现了H-M指数、CH-M和F-M多维贫困指数、人类发展指数（HDI）、Watts多维贫困指数、人类贫困指数（HPI）等多维贫困测度指数。但是人们逐渐发现，这两种测度和计算方法均未能产生综合性的指标，无法进行跨区比较和动态追踪。A-F双界线法及MPI指数的出现不仅体现了贫困的根源和本质，还克服了其他多维贫困测度和计算方法的缺陷，成为国内外学者研究多维贫困的主要工具，也得到了众多国内外学者、组织、政府层面的认可（陈宗胜，2020）。

1. Watts 法与 Watts 多维贫困指数

Chakravarty（1998）和 Tsui（2002）基于公理化条件尝试构建多维贫困测度指数，提出 Ch-M 指数和 F-M 指数。随后 Chakravarty、Deutsch 和 Silber（2005）进一步运用公理化方法将 Watts 单维度贫困指数扩展为 Watts 多维度贫困指数，并基于世界各国截面数据测算了 1993 年和 2002 年相关国家的多维度贫困水平，至此 Watts 法得到基本完善。Watts 法的基本原理是先确定能够充分反映人们各方面实际贫困的多维度临界值，再将人们面对各方面临界值的短缺进行加总，该指数方法具有人口子群可分解、贫困维度可分解等优点。

令 $(z_1, z_2, \cdots, z_k)$ 为 k 个维度的临界值，$X = (X_{ij})_{n \times k}$，$x_i = (x_{i1}, x_{i2}, \cdots, x_{ik})$ 表示个体 i 在维度上的基本需要，因此 Watts 多维贫困指数可以表示为

$$P_w(X; Z) = \frac{1}{n} \sum_{j=1}^{k} \delta_j (\ln z_j - \ln x_{ij}) \tag{5-1}$$

$$\delta_j = n_{pj} / \sum_{j=1}^{k} n_{pj} \tag{5-2}$$

其中，n_{pj} 是 j 维度上贫困人口总数，δ_j 是维度 j 的权重，$P_w(X; Z)$ 反映贫困人口在各维度上的分布，即贫困强度。

2. A-F 双界线法与 MPI 指数

阿马蒂亚·森的可行能力理论极大深化了人们对贫困的理解，也由此衍生出一些对贫困问题进行识别和测度的新方法。2007 年，阿尔基尔（Alkire）和福斯特（Foster）基于阿马蒂亚·森的可行能力理论，提出了一套集贫困识别、加总和分解于一体的多维贫困测度方法，简称为 A-F 双界线法。随后 UNDP 与 OPHI 联合发布由 A-F 双界线法测度的全球多维贫困指数（MPI），替代了之前 UNDP 的 HPI，成为多维贫困研究与实践的里程碑（陈宗胜，2022）。目前该方法已成为多维贫困测度的主流方法，受到诸多国际组织与学者的广泛认可。A-F 双界线法的应用重点是两个临界值：一是每一个确定的福利指标的临界值，若个体的测算值没有达到该临界值，即意味着个体在该指标上是贫困的；二是缺失得分的临界值，计算个体在所有指标上的缺失得分，若该得分等于或超过此临界值，即说明个体处于多维贫困之中。另外，A-F 双界线法在使用中首要先确定每个维度的贫困临界值，也就是阈值，再完成对各个维度的赋权，进而得到个体加权贫困得分，再通过比较加权贫困得分和多维贫困临界值的数量关系，确定目标个体是否陷入多维贫困，最后有效识别各个维度的贫困状态，便可以通过各维度贫困加总得到多维贫困指数。

（1）贫困识别。A-F双界线法可实现贫困主体和贫困维度的"双重识别"。

假设 $Z_j = (z_1, z_2, \cdots, z_j)^T$ 为每个具体维度的剥夺临界值，对个体 i 而言，当其取值 $x_{ij} < z_j$ 时，表示个体 i 在维度 j 上处于被剥夺状态。

用矩阵 $g^0 = [g_{ij}^0]$ 表示个体 i 在维度 j 上是否存在剥夺，矩阵上每个值的取值为 0 或 1，即当 $x_{ij} > z_j$ 时 $g_{ij}^0 = 0$；当 $x_{ij} < z_j$ 时，$g_{ij}^0 = 1$。这是个体 i 在单个维度 j 上的识别。构建剥夺矩阵 g_{ij}^0，定义 C_i 为 $g_i^o = 1$ 的数量，即个体 i 受剥夺的维度数。同时，还可以令被剥夺维度数 k 为识别维度贫困的临界值，如果 $C_i \geq k$，则个体 i 为贫困状态。A-F双界线法的"双重识别"功能便于理解解释，也有较强的可操作性，同时还可分解，能够灵活运用于多个场景，是学界认可度较高的多维贫困测度方法。

（2）贫困加总。根据 A-F 多维贫困理论，还可以对贫困人口的比重和贫困深度进行加总。

$$M_0 = \frac{1}{n} \sum_{i=1}^{n} I(c_i \geq k) \sum_{j=1}^{d} w_j g_{ij}(z) = H_0 \times A_0 \qquad (5-3)$$

其中，H_0 表示多维贫困人口占总人口的比重，A_0 表示多维贫困个体平均被剥夺的维度占总维度的比例，即贫困的深度，M_0 为加总后的多维贫困指数。

考虑到各个维度所起到的作用各不相同，故需要对各维度所占权重进行综合考察，设定权重后再进行贫困加总。A-F双界线法在权重的选择上并没有特殊要求，可在具体测算时根据数据特征和需要进行选择。

3. 神经网络法

神经网络算法在理论上可以逼近任意函数，基本的结构由非线性变化单元组成，具有很强的非线性映射能力，在解决非线性问题方面具有很强的优势。在多维贫困的识别中主要应用于权重分配这个环节，利用计算机模拟人工智能来确定各项指标的权重。神经网络的原理是将输入信号经过隐含层调整神经元的权值作用于输出节点。

4. 模糊集法

模糊集法的核心思想是模糊集合。模糊集合是用来表达模糊性概念的集合，又称模糊集、模糊子集，指具有某种属性的对象的全体。1965 年，美国学者扎德在数学上创立了一种描述模糊现象的方法——模糊集合论。这种方法把待考察的对象及反映它的模糊概念作为一定的模糊集合，建立适当的隶属函数，通过模糊集合的有关运算和变换，对模糊对象进行分析。

5. 信息理论方法

信息理论方法是指根据事物之间普遍存在相互联系、相互作用的基本哲学观点，把"被反映的物质属性"作为定义信息和理解信息本质概念的基础，通过深入分析信息与物质属性关系、信息可传递性以及信息形式与信息内容关系来揭示这一信息本质的理论。随着信息技术的快速发展，信息科学衍生的很多技术方法可以运用于多维贫困识别，如信息理论中经典的决策树方法、支持向量机等。不过信息理论方法一般应用于海量数据的处理。

二、多维相对贫困指标体系构建

（一）基于乡村振兴战略的多维相对贫困分析框架

多维贫困理论和思想丰富了我国的扶贫理论研究内涵。每个国家的发展阶段、国民经济结构和生活方式不同，多维贫困的维度和程度也不同。中国关于贫困的思想包含了双重内涵，既有收入和消费水平较发达国家差距明显的"贫"的一面，也有能力被剥夺、发展无力的"困"的一面，如医疗保障之困、环境污染之困、教育失衡之困等。近年来，国内外学界针对多维贫困问题进行了一系列研究，但尚未形成与新时代紧密结合，能够回应当下中国构建新发展阶段和新发展格局所面临的现实问题的多维贫困指标体系。因此，参照国际标准，在大力推进乡村振兴战略背景下，结合我国实际，构建多维相对贫困指标体系，对于科学测度当前我国农村多维相对贫困状况，推进农户多维贫困治理有着十分重要的现实意义。

通过文献阅读与对比可以发现，近年来学界对多维相对贫困识别的研究发生了很大变化。2020年以前，关于多维贫困的研究平均使用维度为4个，且近90%的研究采用了"教育""健康""生活水平"这三个维度，近一半的研究采用了"收入"维度（程威特，2021），与联合国发布的MPI维度高度吻合。图5-1梳理了2020年以来本书采选的31篇国内多维贫困问题识别有关文献的贫困维度选取情况。值得注意的是，2020年以后我国的多维相对贫困识别研究，维度数量明显增加，内容也发生了根本性变化。"收入"成为出现频率最高的维度，占比达2/3；"教育""生活水平""健康"这三个维度依然高频，但是比重下降到一半左右；除以上四个维度外，"社会保障""精神文化知识""社会融入""发展机会""行为能力"等维度出现的频率明显增加，成为多维相对贫困的重要考察指标。与此同时，"金融资本""资源禀赋""主观福利"等新维度的出现也体现了对财产、生态资源等物质条件和精神文化、发展能力和获得感等方面主观感受的关注。这与我国的发展阶段及马斯洛的需求层次理论是相适应的。

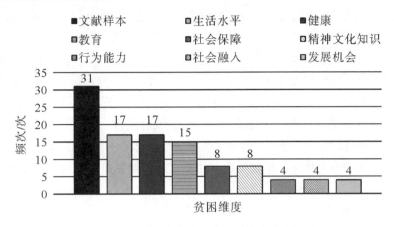

图 5-1　2020 年以来有关研究贫困维度出现的频次

本书立足巩固拓展脱贫攻坚成果、有效衔接乡村振兴的战略安排，结合乡村振兴的产业振兴、人才振兴、生态振兴、文化振兴和组织振兴五个方面，承接上一章关于我国农户当前面临的收入贫困、能力贫困、生态贫困、文化贫困和权利贫困五个维度的相对贫困状况分析，基于以下四个原则，设计农户多维相对贫困问题分析框架。一是可比借鉴性原则。本书构建的多维贫困框架在联合国 MPI 指标体系的基础上，借鉴当下政策体系和前人所做的研究，构造具有时代特征和可比借鉴性的多维贫困问题研究体系。二是实践性原则。该体系基于当前中国"三农"工作的重大战略，以乡村振兴重点解决的多维相对贫困问题核心维度来构造贫困维度。三是时代性原则。本书立足我国脱贫工作所处的巩固拓展脱贫攻坚成果、有效衔接乡村振兴的阶段性目标和现实语境来设计指标维度及剥夺阈值。四是数据可及性原则。本书分析框架的构建、维度的设计、指标的选取充分考虑调研样本地区及调研数据特征，保障测度结果的真实有效和恰当。

（二）多维相对贫困的维度指标选取

本书所构建的多维贫困指标体系的维度选择承接自上一章有关收入贫困、能力贫困、文化贫困、生态贫困和权利贫困的有关阐述，即构建收入、能力、文化、生态和权利五个维度的多维相对贫困研究框架。

1. 收入维度

收入水平是描述贫困问题的经典维度，也是贫困问题研究的起点。长期以来，贫困被理解为一个单维概念，仅指经济上的贫困，即个体或家庭的收入无法满足基本生活需要。因此，对贫困的测量往往依据收入的某个临界值（贫困线）来确定，贫困问题研究之初所指的贫困就是收入贫困。随着贫困概念的发展，收入贫困发展成为多维贫困中的一个维度，国际社会和国际组织考察相对贫困问题时采用的也是收入维度标准。在数据采集过程中，收入数据更容易收集，且准确度较高。在本书中，使用"人均收入"和"家庭资产"两个指标作为收入维度的观察点。其中，选取"家庭年人均收入"作为"人均收入"指标的具体内容，反映当年度的家庭人均收入情况；选取"人均住房面积"和"耐用品"作为"家庭资产"指标的具体内容，反映家庭过去收入积累转换为家庭固定资产情况。这两个指标的结合能较好地从纵向角度反映家庭过去和现在的收入状况，相较于截面的年收入数据更能体现农户家庭的经济状况。

2. 能力维度

阿马蒂亚·森提出的"贫困是对人的基本可行能力的剥夺"理论是贫困理论发展史上的一座里程碑，将贫困从单一的收入维度扩展到了能力贫困和人类贫困的多维视角，引起了经济学家对人类发展的思考。基于能力方法理论构建的多维贫困指数（MPI）也成为世界影响较大、运用较广的贫困指数标准。能力维度的关键要素就是人的可发展能力，本书选取"教育程度"和"健康状况"两个指标作为能力维度的观察点，"家庭成员平均受教育年限"和"家庭成员健康状况平均值"作为这两个指标的具体内容，都与农户家庭的生产力密切相关。

3. 文化维度

文化维度体现的是社会发展过程中的精神文明建设给予人全面发展的文化供给状况，是对贫困地区"文化贫困"和"贫困文化"两个方面的综合考查。文化贫困的有效治理通过减少文化剥夺而助力于消除贫困文化，阻断贫困文化的代际传递和区域性传播。本书将"乡风文明"这一指标作为文化维度的观察点，选取"拜年户数"和"能够给予资金支持的亲朋户数"作为具体指标。"乡风文明"既是乡村文化事业发展的目标和乡村社会治理的路径，也是至真至纯至美的乡土风情所依。

4. 生态维度

生态维度是站在人与自然的关系上进行考察的维度。人源于自然界，人是自然界的产物。人也依赖于自然界，从自然界中获取必需的生存资源和资料，自然界的可依存度和支持力是决定人类生存状况的根本前提和基础。长期以来，在小农经济中，自然界可供人类获取的生存资源的状况，以及人类获取这种生存资源的能力状态，决定了广大农民的实际生存状态。本书使用"生态资本"和"人居环境"两个指标作为生态维度的观察点,选取"主要生活能源""饮用水主要来源"和"厕所类型"作为"人居环境"的具体指标,选取"自然灾害次数"作为"生态资本"的具体指标。"生态资本"可反映自然环境及生态资源给予的生态约束性条件,"人居环境"可反映农户的基本生活支持系统情况。

5. 权利维度

经济上的收入贫困常常还会伴生贫困人口在政治上、社会上的边缘化。阿玛蒂亚·森曾指出,农民贫困不仅是收入问题,更是由于权利贫困造成的可行能力的缺失和被剥夺。他在《贫困与饥荒》中提到农民的权利应包括对生产资料的所有权、交换权以及享有社会保障的权利,其中"直接权利失败"和"贸易权利失败"是造成贫困的两类重要原因。本书将"意见表达"和"社会参与"两个指标作为权利维度的观察点,选取"亲朋是村干部"和"亲朋在机关事业单位工作"作为"意见表达"的具体指标,选取"亲朋是企业老板、高管"和"家庭成员参加民间协会组织"作为"社会参与"的具体指标。亲朋的"意见表达"可反映农户在个人权益维护和生产资料分配等方面的建议权、发言权,协会组织和亲朋高管的"社会参与"助力可反映农户通过参与社会活动获得发展的机会权。这两个方面的权利是农户摆脱社会排斥,得到公平的发展机会的重要渠道和保障。

(三)指标权重和阈值设定

1. 权重的设定方法

在多维贫困指数的构造中,权重的设定包括同一维度内各指标的权重设定和不同维度间的权重设计两个部分。一般来说,权重设定的主要依据是该指标对贫困的贡献度。目前,常用的权重方法有等权重法、主成分分析法、因子分析法、层次分析法和熵值法等。

等权重法顾名思义就是赋予各维度及维度内各指标一致的权重大小,其又根据维度和指标分为等维度权重法和等指标权重法两类。等维度权重法将各维度赋予相同权重值,再把每个维度权重值平均分给该维度内的各指标,等指标权重法赋予所有跨维度的指标相同的权重。主成分分析法通过数据降维的思想把多个维度或指标转化为少数几个综合维度指标,每个主成分都能反映原始数据的大部分信息,这样得到的权重更加科学合理,但也存在大量信息丢失的可能。因子分析法是指研究从变量群中提取共性因子的统计技术,可在许多变量中找出隐藏的具有代表性的因子。层次分析法是将定量分析与定性分析结合起来,用决策者的经验判断各衡量目标之间、能否实现的标准之间的相对重要程度，并合理地给出每个决策方案的标准的权数。层次分析法利用权数求出各方案的优劣次序，能比较有效地应用于那些难以用定量方法解决的多目标复杂问题。熵值法是根据数据本身的离散程度确定权重的方法。在信息论中，熵是对不确定性或随机性的一种度量。不确定性越大，熵值就越大，数据就越离散，所包含的信息就越大，在确定权重的时候往往就越小；反之，不确定性越小，熵值就越小，数据就越集聚，所包含的信息越小，在确定权重的时候往往就越大。这种熵值法主要考虑的是数据本身的离散程度，并没有考虑数据的实际信息。

经典的多维贫困指数用的就是等维度权重法，健康、教育和生活水平三个维度各占三分之一权重，每个维度内的权重又均等分配给了维度内的各指标。本书的多维贫困分析框架借鉴了多维贫困指数的设定方法，选取收入、能力、文化、生态和权利五个维度来考察研究对象的多维相对贫困情况，权重分配方法也借鉴参考经典的多维贫困指数的等维度权重法。

2. 指标阈值设定

收入维度。精准扶贫的有关研究常以贫困线为收入贫困的界定标准，有关多维贫困研究的 MPI 指标未将收入贫困纳入贫困维度体系。脱贫攻坚战消灭绝对贫困后，收入相对贫困是长期存在的。经济合作与发展组织（OECD）以一个国家或地区社会中位收入或平均收入的 50% 作为这个国家或地区的贫困线，欧盟一直将收入低于社会中位数收入 60% 定义为贫困。本书采用经济合作与发展组织的贫困线设定方法，即家庭年人均收入指标将样本家庭年人均收入与当年全国农村人均收入均值进行比较，如果样本家庭年人均收入低于当年全国农村人均收入均值的 50%，则该指标赋值为 1；否则，赋值为 0。人均住房面积和耐用品反映家庭资产情况。本书的人均住房面积指标将样本家庭人均住房面积与当年全国农村人均住房面积均值进行比较，如果样本家庭人均住房面积小于当年全国农村人均住房面积，则该指标赋值为 1；否则，赋值为 0。根据我国农村普遍生活水平，耐用品指标选取调研耐用品总数的一半作为阈值，即如果样本家庭耐用品数量少于 5 个，则该指标赋值为 1；否则，赋值为 0。

能力维度。教育作为农户家庭人力资本的直观表现，是衡量农户能力贫困的重要指标，本书选取家庭成员平均受教育年限来反映家庭劳动力的受教育程度。1986 年起，我国在全国实施九年义务教育，因此，本书将平均受教育年限的临界值设定为初中（9 年）及以下水平。如果样本家庭成员平均受教育年限低于 9 年，则该指标赋值为 1；否则，赋值为 0。身体健康状况是劳动力参与社会劳动、融入社会生活的基础，身体处于不健康状态的人们往往处于谋生能力被剥夺的能力贫困状态。如果家庭成员健康状况平均值处于不健康状态，则该指标赋值为 1；否则，赋值为 0。

文化维度。良好的乡村文化可营造良好的人文环境，形成互帮互助的优良乡风、淳朴家风。农户良好的文化素养也有助于构筑更加和谐的邻里关系。本书将农户拜年户数和能够给予资金支持的亲朋户数作为农民贫困文化维度的考量指标，分别设定样本农户拜年户数和能够给予资金支持的亲朋户数的统计均值作为这两个考察指标的阈值，如果样本农户拜年户数小于所有调研样本该指标的均值，则该指标赋值为 1；否则，赋值为 0。如果样本农户能够给予资金支持的亲朋户数小于所有调研样本该指标的均值，则该指标赋值为 1；否则，赋值为 0。

生态维度。主要生活能源、饮用水主要来源和厕所类型可反映人居生态环境情况。如果主要生活能源是柴草或煤炭会造成一定的环境污染，则该指标赋值为 1；如果使用的是天然气、电或沼气，则赋值为 0。饮用水主要来源方面，由于浅表水土存在面源污染风险，如果样本家庭的饮用水主要来源是未经处理的井水等自然水源，该指标赋值为 1；如果是经过集中或个别处理的自来水和纯净水，则赋值为 0。农村"厕所工程"是建设美丽乡村和实施精准扶贫方略中的重要工程，如果样本农户家庭的厕所类型还是旱厕或没有厕所，该指标赋值为 1；如果已经改造为冲水式厕所，则赋值为 0。自然灾害是生态环境中影响农户生产生活的重要因素。如果样本农户对自然灾害不敏感，说明村里的基础设施条件能够帮助农户抵抗自然灾害，农民不存在对自然灾害的担心和困扰，则该指标赋值为 0；否则，赋值为 1。

权利维度。这个维度体现的是农民的发展权利是否被剥夺，农民是否被排斥在正常的社会政治权利之外等情况。在农村，农户家庭中是否"有亲朋是村干部"和是否"有亲朋在机关事业单位工作"是农民传递信息、表达意见的重要渠道，"亲朋是企业老板、高管"和"家庭成员参加民间协会组织"是农民获取更多发展机会、参与社会活动的信息来源和重要通道。这四个指标的阈值设定方法为：如果有，则对应指标赋值为 1；如果没有，则对应指标赋值为 0。

具体维度、指标及剥夺阈值设计如表 5-3 所示。

表 5-3　多维相对贫困识别指标体系构建

贫困维度	考察内容	量化指标	指标描述及阈值
收入维度	人均收入	家庭年人均收入	人均年收入低于当年农村人均收入的50% = 1；否则 = 0
	家庭资产	人均住房面积	人均住房面积小于当年农村人均住房面积 = 1；否则 = 0
		耐用品	户内电视机、冰箱、空调、洗衣机、摩托车/电动车、智能手机、照相机、热水器、电脑、汽车等10种耐用品的拥有种类小于5 = 1；否则 = 0
能力维度	教育程度	家庭成员平均受教育年限	平均受教育年限低于9年 = 1；否则 = 0
	健康状况	家庭成员健康状况平均值	平均值小于2 = 1；否则 = 0（健康状况取值为1、2、3，数值越大越健康）
文化维度	乡风文明	拜年户数	小于样本均值 = 1，大于均值 = 0
		能够给予资金支持的亲朋户数	小于样本均值 = 1，大于均值 = 0
生态维度	人居环境	主要生活能源	柴草、煤炭 = 1；天然气、电、沼气 = 0
		饮用水主要来源	井水等自然水源 = 1；自来水、纯净水 = 0
		厕所类型	旱厕、无厕所 = 1；冲水式厕所 = 0
	生态资本	自然灾害次数	大于3 = 1，小于等于3 = 0
权利维度	意见表达	亲朋是村干部	无 = 1，有 = 0
		亲朋在机关事业单位工作	无 = 1，有 = 0
	社会参与	亲朋是企业老板、高管	无 = 1，有 = 0
		家庭成员参加民间协会组织	无 = 1，有 = 0

第二节　农户多维相对贫困测度——以咸宁市通山县为例

一、样本地区研究变量描述

（一）调研样本数据概况

本章使用的数据源于 2020 年 7 月在咸宁市通山县进行的入户调研问卷。

通过分层随机抽样的方式均衡选取一定数量的样本村和样本户。通山县是省级贫困县，2018 年年底实现全县"脱贫摘帽"，是湖北省乡村振兴重点帮扶县。通山县下辖 8 个镇、4 个乡、1 个管委会，共有 17 个居委会、172 个村委会。本次调研走访了通山县 12 个乡镇和 1 个管委会的 52 个行政村，其中贫困村 36 个、非贫困村 16 个。本次调研收集有效问卷 1 576 份，其中脱贫户 1 034 份，非贫困户 542 份。调研的 1 034 份脱贫户问卷中，有效问卷 1 023 份，有较好的代表性。

2013 年 11 月，习近平总书记到湖南湘西考察时首次作出了"实事求是、因地制宜、分类指导、精准扶贫"的重要指示，是"精准扶贫"方略的来源。2014 年 1 月，中共中央办公厅详细规划了精准扶贫工作模式的顶层设计，推动"精准扶贫"方略落地。通山县是省级贫困县，常住人口约 40 万人，其中农业人口占比为 82%。该县于 2018 年"脱贫摘帽"，全县建档立卡贫困人口实现了现行标准下的全部脱贫。2014 年是实行"精准扶贫"方略的第一年，2019 年是通山县"脱贫摘帽"后巩固脱贫攻坚成果、衔接乡村振兴战略的元年。本章通过 2014—2019 年通山县的多维贫困情况数据对比，观察脱贫攻坚的减贫成效，总结梳理脱贫攻坚阶段通山县尚未解决的多维贫困问题。对样本贫困户进行入户调研的问卷设计主要考察两个阶段的政策享受和生计资本变化情况，家庭收入消费对比情况，以及产业扶贫、就业转移、小额信贷、驻村帮扶、脱贫认可度和住房、教育、医疗、养老保障等方面情况，具体内容包括：

第一，贫困状况。获取贫困户家庭人口、收入等基本信息。

第二，"两不愁"情况。关注贫困户温饱问题的解决情况。

第三，"三保障"情况。住房保障主要关注贫困户住房是否为危房，有没有享受危房改造补贴政策；教育保障主要关注贫困户家庭中子女有无上学情况，教育阶段学费减免和生活费补贴情况；医疗保障主要关注贫困户医疗保险的参与情况，以及治病所花费用、医疗保险报销情况。

第四，产业帮扶和转移就业。产业帮扶主要关注产业帮扶资金是否落实到位以及产业发展的带动作用；转移就业主要关注帮扶人和村委会对贫困户就业指导工作落实、贫困户参与就业指导情况，公益岗位以及外出务工帮扶情况。

第五，扶贫小额信贷。主要关注农户对扶贫小额信贷的知晓度、借贷情况以及所发展产业的情况。

第六，家庭收入变化。主要关注2014年、2019年贫困户家庭的经营性收入、工资性收入、财产性收入及转移性收入变化情况。

第七，收入保障。主要关注农户新增收入类型以及新增收入稳定性。

第八，驻村帮扶。主要关注贫困户对帮扶人扶贫工作的认可情况。

第九，脱贫认可度。主要关注农户生产生活条件以及农村各类基础设施变化。

第十，脱贫前后风险（生计资本）对比。主要关注农户家庭固定资产变化以及家庭抗风险能力的变化。

第十一，家庭消费变化对比。主要观察贫困户家庭各类消费支出的变化。

（二）样本数据描述性统计

2014年，调研样本的家庭人口最大值为9，最小值为1，家庭平均人口数量为3.56；家庭年人均收入均值为2 817.233元，刚达到2014年我国农村人均2 800元每年的收入贫困线标准，处于国家贫困线边缘，与当年所在省份农村居民人均可支配收入的10 849.1元和全国农村居民人均可支配收入的10 489元还有很大差距。住房方面，人均住房面积为33.51平方米，刚达到当年我国农村居民人均住房面积33.37平方米的均值。此外，耐用品数量均值为2.5个，家庭成员受教育年限均值接近5年，31.45%的农户使用天然气、沼气等生活能源，62.52%的农户使用的是自来水、纯净水等清洁水源，30.67%的农户使用的是冲水式厕所，绝大多数农户对自然灾害是很敏感的，只有极少的农户家庭有亲朋担任村干部、在机关事业单位工作或担任企业高管、老板，极少的农户家庭有成员加入了民间协会组织。具体情况见表5-4。

表5-4　样本数据主要指标情况统计（2014年）

指标变量	平均值	标准差	最小值	最大值
家庭人口数量	3.564 8	1.607	1	9
家庭年纯收入	9 172.558	11 996.13	0	70 000
人均年收入	2 817.233	4 291.681	0	70 000
人均住房面积	33.510 7	26.588 3	0	400

表5-4(续)

指标变量	平均值	标准差	最小值	最大值
耐用品数量	2.521 6	1.771 2	0	9
家庭成员受教育年限	4.967 2	2.613 1	0	23
家庭成员健康水平	2.099 3	0.542 9	1	3
拜年户数	5.433 8	5.273 5	0	50
能够给予资金支持的亲朋户数	2.077 3	2.789 3	0	20
主要生活能源	0.314 5	0.464 6	0	1
饮用水主要来源	0.625 2	0.484 3	0	1
厕所类型	0.306 7	0.461 4	0	1
自然灾害敏感度	0.321 1	0.467 2	0	1
亲朋是村干部	0.044 6	0.206 5	0	1
亲朋在机关事业单位工作	0.066 8	0.249 9	0	1
亲朋是企业老板、高管	0.031 4	0.174 6	0	1
家庭成员参加民间协会组织	0.015 7	0.124 5	0	1

2019 年，调研样本家庭的年人均收入为 9 648.40 元，远超 2019 年我国农村人均 3 873 元每年的收入贫困线标准，当年所在省份农村居民人均可支配收入为 16 390.9 元，全国农村居民人均可支配收入为 16 021 元。2019 年，样本农户年人均收入与全国农村居民人均可支配收入差距为 6 372.6 元，而 2014 年二者之间的差距为 7 671.77 元。将 2014 年和 2019 年的数据进行比较，可以发现 5 年的脱贫攻坚工作带来的农户收入增长成效显著，且与全国农村居民的收入差距在缩小，这说明 2014—2019 年当地农民增收高于全国农村地区平均水平。住房方面，人均住房面积为 36.91 平方米，较 2014 年增加了 3.4 平方米，与当年我国农村居民人均住宅面积 48.9 平方米还有一些差距，这说明 2014—2019 年当地农户人均住房面积增速低于全国。此外，耐用品数量均值为 4.75 件，较 2014 年增加了 2.25 件，耐用品数量增加明显，农民的生活条件有所提高；家庭成员受教育年限均值为 5.4 年；使用天然气、沼气作为生活能源的占比为 73.66%，饮用自来水、纯净水等清洁水源的占比为 86.63%，使用冲水式厕所的比例为 68.54%，这三个人居环境指标都较 2014 年显著提高；对自然灾

害的敏感性有所下降；亲朋担任村干部、在机关事业单位工作或担任企业高管、老板以及家庭成员加入民间协会组织的情况有所增加，但是不够显著。具体情况详见表5-5。

表5-5　样本数据主要指标情况统计（2019年）

指标变量	平均值	标准差	最小值	最大值
家庭人口数量	3.564 8	1.607	1	9
家庭年纯收入	32 205.95	20 734.08	5 500	106 762
人均年收入	9 648.404	6 737.933	3 980	106 762
人均住房面积	36.913 8	21.162 5	0	300
耐用品数量	4.756 2	1.934 8	0	10
家庭成员受教育年限	5.396 8	2.607 9	0	23
家庭成员健康水平	2.082 6	0.533 8	1	3
拜年户数	5.737 8	5.404 5	0	50
能够给予资金支持的亲朋户数	2.302 7	3.075 4	0	30
主要生活能源	0.736 6	0.440 8	0	1
饮用水主要来源	0.866 3	0.340 5	0	1
厕所类型	0.685 4	0.464 6	0	1
自然灾害敏感性	2.887 2	1.072 3	1	5
亲朋是村干部	0.061 6	0.240 6	0	1
亲朋在机关事业单位工作	0.085 2	0.279 3	0	1
亲朋是企业老板、高管	0.044 6	0.206 4	0	1
家庭成员参加民间协会组织	0.019 6	0.138	0	1

2014年，农村居民人均住房面积为33.37平方米，农村贫困标准为每人每年2 800元。湖北农村居民人均可支配收入为10 849.1元，全国农村居民人均可支配收入为10 489元。数据源于《2014年城乡建设统计公报》和国家统计局发布的《中国统计年鉴（2015）》。

2019年，农村居民人均住房建筑面积为48.9平方米，农村贫困标准为每人每年3 873元。湖北农村居民人均可支配收入为16 390.9元，全国农村居民人均可支配收入为 16 021 元。数据源于住房和城乡建设部"努力实现全体人民住有所居"新闻发布会上的回答和国家统计局发布的《中国统计年鉴(2020)》。

二、农户多维相对贫困测度

(一)多维相对贫困测度方法

本书采用 A-F 双界线法对样本地区的农户进行多维相对贫困测度。A-F 多维贫困识别方法主要包括维度取值、权重设置、贫困识别、贫困加总及维度分解 5 个步骤。因为该方法的多维相对贫困识别是通过对"双重临界值"的识别来实现的,那么在使用该方法对分析对象进行多维识别时,要特别注意"双重临界值"的设定,也就是剥夺临界值和贫困临界值。本书在使用 A-F 双界线法对调研样本 2014 年和 2019 年数据进行分析时,采用等权重法设定各指标权重,测算样本对象收入、能力、文化、生态和权利五个维度的多维相对贫困状况。具体测算步骤如下:

①构建分析矩阵。根据维度指标将调研样本有关数据摘取后构建分析矩阵。

②维度阈值取值。根据 A-F 双界线法,首先要对拟定维度选定指标的阈值进行取值。当指标低于维度取值时,该指标赋值为 1,表示在这一指标上该样本是处于被剥夺状态的。2014 年,全国农村居民人均住房面积 33.37 平方米,全国农村居民人均可支配收入 10 489 元。在对 2014 年样本数据进行多维贫困测度时,"家庭年人均收入"指标阈值取值为 5 245,"人均居住面积"指标阈值取值为 33.37。2019 年,全国农村居民人均住房建筑面积为 48.9 平方米,全国农村居民人均可支配收入为 16 021 元。在对 2019 年样本数据进行多维贫困测度时,"家庭年人均收入"指标阈值取值为 8 011,"人均居住面积"指标阈值取值为 48.9。

③多维相对贫困识别。通过 A-F 双界线法实现对样本农户多个维度($k=$ 1,2,…,d)被剥夺情况的识别。本书测算的是样本农户在收入、能力、文化、生态和权利五个维度的多维相对贫困状况,则 d 取值为 5。当 $k=2$ 时,考虑的是农户样本存在两个以上维度相对贫困的情况;当 $k=3$ 时,考虑的是农户样本存在三个以上维度相对贫困的情况,以此类推。对样本进行多维相对贫困识别后通过对维度相对贫困情况进行加总,获得样本数据的多维相对贫困指数。

④多维贫困分解。按照维度、时间等标准对多维贫困指数进行分解,测算

不同 k 值下，5 个维度、不同年份样本农户多维相对贫困状况，以贡献率表示。

（二）多维相对贫困测度

前文已对 A-F 双界线法的理念方法进行了简要介绍，接下来再对该方法的分析结果的内涵意义进行补充阐释。

通过 A-F 双界线法对样本进行多维相对贫困识别，可以获得对剥夺指标的贫困加总，并计算得出多维贫困发生率 H、平均剥夺份额 A 和多维贫困指数 MPI。通过这三个指标可反映研究对象的多维贫困人口数、平均被剥夺的指标数量及贫困程度。

H：多维相对贫困发生率，表示多维贫困人口在研究区域总人口中的占比。

A：平均剥夺份额，表示在贫困临界值上多维相对贫困人口被剥夺的指标数量。

MPI：多维相对贫困指数，即 HA，表示一个地区贫困状况的综合指标。

与此同时，A-F 双界线法还支持按照维度、样本类型等对多维相对贫困指数进行分解，测算在不同 k 的取值下不同维度对多维相对贫困指数的影响程度，也就是贡献率。

根据前面阐述的 A-F 双界线法，构建分析矩阵后对样本农户 2014 年的相对贫困状况进行多维测算，结果如表 5-6 所示。

表 5-6　2014 年样本农户多维相对贫困测度

维度 (k)	相对贫困发生率 (H)	相对贫困剥夺份额 (A)	多维相对贫困指数 (MPI)	维度贡献率 M_0				
				收入	能力	文化	生态	权利
1	1	0.689	0.689	0.689	0.148	0.191	0.150	0.279
2	0.978	0.697	0.681	0.232	0.148	0.193	0.151	0.276
3	0.780	0.744	0.580	0.231	0.144	0.207	0.158	0.261
4	0.229	0.845	0.194	0.225	0.146	0.220	0.173	0.235
5	0.003	1.000	0.003	0.200	0.200	0.200	0.200	0.200

由表 5-6 可见，随着收入、能力、文化、生态、权利等维度的不断增加，多维相对贫困发生率（H）和多维相对贫困指数（MPI）持续下降，平均贫困剥夺份额（A）持续上升。当贫困维度 $k = 1$ 时，5 个维度中任意 1 个维度存在相对贫困的样本农户占比达 100%，平均被剥夺份额为 0.689，多维相对贫困指数为 0.689；当贫困维度 $k = 2$ 时，5 个维度中任意 2 个维度存在相对贫困的样本农户占比为 97.8%，平均被剥夺份额为 0.697，多维相对贫困指数为

0.681；当贫困维度 $k = 3$ 时，5 个维度中任意 3 个维度存在相对贫困的样本农户占比为 78.0%，平均被剥夺份额为 0.744，多维相对贫困指数为 0.580；当贫困维度 $k \geqslant 4$ 时，多维相对贫困发生率和多维贫困指数都快速下降，存在 4 维相对贫困情况的样本农户占比只有 22.9%，5 维相对贫困的样本农户占比只有 0.3%，多维相对贫困指数下降的同时平均剥夺份额显著增加。通过对表中维度贡献率的分析可以发现，无论 k 取值如何变化，权利维度和收入维度的贡献率在 5 个维度中都相对较大，这说明权利相对贫困和收入相对贫困两个方面的贫困状况是农户面临的较为突出的相对贫困问题，文化相对贫困、能力相对贫困和生态相对贫困问题次之。

对样本农户 2019 年的相对贫困状况进行多维测算，结果如表 5-7 所示。

表 5-7　2019 年样本农户多维相对贫困测度

维度 (k)	相对贫困发生率 (H)	相对贫困剥夺份额 (A)	多维相对贫困指数 (MPI)	维度贡献率 M_0				
				收入	能力	文化	生态	权利
1	0.997	0.585	0.583	0.198	0.173	0.216	0.088	0.325
2	0.911	0.608	0.554	0.197	0.173	0.225	0.090	0.315
3	0.481	0.698	0.336	0.206	0.166	0.246	0.103	0.280
4	0.054	0.843	0.045	0.218	0.168	0.231	0.147	0.236
5	0.000	0.000	0.000	0.000	0.000	0.000	0.000	0.000

由表 5-7 可见，随着收入、能力、文化、生态、权利等维度的不断增加，多维相对贫困发生率（H）和多维相对贫困指数（MPI）依然持续下降，平均贫困剥夺份额（A）依然持续上升。当贫困维度 $k = 1$ 时，5 个维度中任意 1 个维度存在相对贫困的样本农户占比达 99.7%，平均被剥夺份额为 0.585，多维相对贫困指数为 0.583；当贫困维度 $k = 2$ 时，5 个维度中任意 2 个维度存在相对贫困的样本农户占比为 91.1%，平均被剥夺份额为 0.608，多维相对贫困指数为 0.554；当贫困维度 $k \geqslant 3$ 时，多维相对贫困发生率和多维相对贫困指数快速下降，5 个维度中任意 3 个维度存在相对贫困的样本农户占比为 48.1%，平均被剥夺份额为 0.698，多维相对贫困指数为 0.336；当贫困维度 $k = 4$ 时，多维相对贫困发生率和多维相对贫困指数下降愈发显著，存在 4 维相对贫困情况的样本农户占比只有 5.4%；不存在 5 维相对贫困的情况。维度贡献率方面，权利维度是影响最大的因素，其余依次是文化维度、收入维度和能力维度，生态维度的贡献率最小。

将 2014 年和 2019 年的测算结果进行对比，可以发现经过 5 年的精准扶贫工作，农户的相对贫困状况明显改善。首先是多维相对贫困发生率和多维相对贫困指数方面，2019 年多维相对贫困发生率有明显下降，特别是 3 维及以上多维相对贫困发生率和多维相对贫困指数下降十分显著，且基本不存在 5 个维度的多维相对贫困状况。这说明通过一系列的精准帮扶，农户的多维相对贫困状况在一定程度上得到缓解。其次是不同维度之间的贡献率方面也发生了明显变化。生态贫困维度的贡献率下降最为明显，收入维度的贡献率也有所下降，这说明 2014—2019 年，样本地区农户的生态环境和收入状况改善最为显著。值得注意的是，权利维度、能力维度和文化维度的贡献率都有一定程度的增加，尤其是权利维度的贡献率增加十分显著。这说明 2014—2019 年的脱贫攻坚工作，虽然在改善农民生态资本和人居环境、帮助农民增收方面取得了明显成效，但是在贫困人口的可持续发展能力、更好地融入乡村社会获得更多发展机会以及乡村的精神文明建设等方面并没有显著改善，还有较大提升空间。

三、农户多维相对贫困分解

（一）相对贫困分解方法

A–F 双界线法可识别多维相对贫困，并对分组后样本的多维相对贫困程度进行分析比较。为更好地从微观上对比分析农户个体在收入、能力、生态、文化和权利贫困方面的具体变化，本书通过指数构建法构建农户相对贫困单维识别指数 SDI，分别对 2014 年和 2019 年农户调研的截面数据进行微观识别。指数构建方法如下：

假设 $Z_j = (z_1, z_2, \cdots, z_j)^T$ 为每个具体维度的剥夺临界值，对个体 i 而言，当其取值 $x_{ij} < z_j$ 时，表示个体 i 在维度 j 上处于被剥夺状态。用矩阵 $g^0 = [g_{ij}^0]$ 表示个体 i 在维度 j 上是否存在剥夺，则 g_{ij}^0 的取值为 0 或 1，即当 $x_{ij} > z_j$ 时，$g_{ij}^0 = 0$；当 $x_{ij} < z_j$ 时，$g_{ij}^0 = 1$。这是个体 i 在单个维度上的贫困识别。当在单个维度上有多个监测指标时，可对不同指标赋予权重，再对不同指标的贫困进行识别后进行加总，即可得到观测值在该维度上的贫困结果。

为便于与本章多维贫困测度进行数据对比以及下一章进行影响因素分析，本章构建的 SDI 的参考变量选取与表 5-3 保持一致，具体维度的相对贫困分解识别指标、阈值及权重设定分别如表 5-8 至表 5-12 所示。

表 5-8　收入相对贫困分解识别指标、阈值及权重设定

维度指标	量化指标	指标描述及阈值	权重
人均收入	家庭年人均收入	人均年收入低于当年全国农民人均收入的 50%＝1；否则＝0	1/2
家庭资产	人均住房面积	人均住房面积小于当年全国农户人均住房面积＝1；否则＝0	1/4
	耐用品	户内电视机、冰箱、空调、洗衣机、摩托车/电动车、智能手机、照相机、热水器、电脑、汽车等 10 种耐用品的拥有种类小于 5＝1；否则＝0	1/4

表 5-9　能力相对贫困分解识别指标、阈值及权重设定

维度指标	量化指标	指标描述及阈值	权重
教育程度	家庭成员平均受教育年限	平均受教育年限小于 9 年＝1；否则＝0	1/2
健康状况	家庭成员健康状况平均值	平均值小于 2＝1；否则＝0（健康状况取值为 1、2、3，数值越大越健康）	1/2

表 5-10　文化相对贫困分解识别指标、阈值及权重设定

维度指标	量化指标	指标描述及阈值	权重
乡风文明	拜年户数	小于样本均值＝1，大于均值＝0	1/2
	能够给予资金支持的亲朋户数	小于样本均值＝1，大于均值＝0	1/2

表 5-11　生态相对贫困分解识别指标、阈值及权重设定

维度指标	量化指标	指标描述及阈值	权重
人居环境	主要生活能源	柴草、煤炭＝1；天然气、电、沼气＝0	1/6
	饮用水主要来源	井水等自然水源＝1；自来水、纯净水＝0	1/6
	厕所类型	旱厕、无厕所＝1；冲水式厕所＝0	1/6
生态资本	自然灾害次数	大于 3＝1，小于等于 3＝0	1/2

表 5-12　权利相对贫困分解识别指标、阈值及权重设定

维度指标	量化指标	指标描述及阈值	权重
意见表达	亲朋是村干部	无=1，有=0	1/4
	亲朋在机关事业单位工作	无=1，有=0	1/4
社会参与	亲朋是企业老板、高管	无=1，有=0	1/4
	家庭成员参加民间协会组织	无=1，有=0	1/4

（二）农户的单维相对贫困分解识别

表 5-13 显示的是 2014 年通山县样本农户的单维相对贫困分解识别测度情况。

表 5-13　通山县样本农户单维相对贫困分解识别测度（2014 年）

相对贫困维度	均　值	标准差	最小值	贫困样本数/户	相对贫困占比/%
收入相对贫困	0.821 4	0.224 0	0	385	50.46
能力相对贫困	0.327 0	0.294 7	0	78	10.22
文化相对贫困	0.658 6	0.372 6	0	371	48.62
生态相对贫困	0.452 8	0.307 2	0	90	11.80
权利相对贫困	0.960 3	0.102 3	0.5	655	85.85

如表 5-13 所示，样本农户中，有 50.46% 的农户存在收入相对贫困，10.22% 的农户存在能力相对贫困，48.62% 的农户存在文化相对贫困，11.80% 的农户存在生态相对贫困，85.85% 的农户存在权利相对贫困。

表 5-14 显示的是 2019 年通山县样本农户的单维相对贫困分解识别测度情况。

表 5-14　通山县样本农户单维相对贫困分解识别测度（2019 年）

相对贫困维度	均值	标准差	最小值	贫困样本数/户	相对贫困占比/%
收入相对贫困	0.574 0	0.306 5	0	143	18.74
能力相对贫困	0.503 9	0.221 8	0	78	10.22

表5-14(续)

相对贫困维度	均值	标准差	最小值	贫困样本数/户	相对贫困占比/%
文化相对贫困	0.630 4	0.376 9	0	42	44.82
生态相对贫困	0.277 9	0.277 0	0	10	0.013
权利相对贫困	0.947 2	0.123 2	0	627	82.8

如表5-14所示，样本农户中，有18.74%的农户存在收入相对贫困，10.22%的农户存在能力相对贫困，44.82%的农户存在文化相对贫困，1.3%的农户存在生态相对贫困，82.8%的农户存在权利相对贫困。

数据样本的采集是通过抽样农户的调研问卷，以及户主一对一访谈的方式同时获取2014年和2019年两个年份的数据。相同的样本，相同的访谈对象，使得数据具有可参照性和可比性。

数据对比显示，收入相对贫困发生率从2014年的50.46%减少到2019年的18.74%，文化相对贫困发生率从2014年的48.62%减少到2019年的44.82%，生态相对贫困发生率从2014年的11.80%减少到2019年的1.3%，权利相对贫困发生率从2014年的85.85%减少到2019年的82.8%（受限于调查问卷的指标选取）。通过前后5年的数据对比分析可以发现，经过5年的精准扶贫工作，农户的收入相对贫困、文化相对贫困、生态相对贫困、权利相对贫困都有一定程度的缓解。其中，收入相对贫困的缓解情况最为显著，生态相对贫困的改善也较为明显，文化相对贫困、生态相对贫困、权利相对贫困有一定程度的缓解，但是不显著。值得注意的是，农户的能力相对贫困情况没有变化。数据对比说明，脱贫攻坚阶段的精准扶贫举措使得农民增收显著，带来收入相对贫困大幅减少，但是收入相对贫困的缓解并没有同时带来能力相对贫困、文化相对贫困、生态相对贫困和权利相对贫困的大幅缓解，这与前面多维贫困测度结果是相一致的，说明脱贫攻坚阶段的精准扶贫工作带来的农民收入的增加只能改善农民的收入状况，并不能大力改善贫困农户能力、文化、生态和权利被相对剥夺的情况。这是在乡村振兴阶段需要特别重视的地方，也是下一阶段"三农"工作的难点和重点。

第三节 农户多维相对贫困的影响因素

一、模型选取

本章第二节对通山县样本农户按照收入、能力、生态、文化和组织五个维度的单维相对贫困状况进行了分解识别测度，本节将在该识别测度结果的基础上对其影响因素进行实证研究。对于单维贫困而言，研究样本是处于或者不处于贫困状态的二分变量，属于定类数据，影响因素的选取变量是定量数据，符合二元分类 Logistic 回归方法和 Probit 回归方法的应用条件。对比 Logistic 回归和 Probit 回归两种分析方法，Logistic 概率非线性回归模型适用于自变量中分类变量较多的情况，而 Probit 回归是基于正态分布理论衍生出来的回归方法，适用于自变量中连续变量较多且符合正态分布的情况，且二元 Probit 回归模型可以输出边际效应值（dy/dx），也就是偏回归系数，可表示当其他自变量保持不变时，X 自变量增加一个单位因变量 Y 的变化幅度，可以非常直观地解释自变量对因变量的影响情况。考虑到后面选取的自变量多为符合正态分布的连续变量，这里选取 Probit 回归模型进行研究，该模型的具体解释为

$$y_i^* = x_i'\beta + \varepsilon_i (i = 1, 2, \cdots, n) \tag{5-4}$$

$$y_i = \begin{cases} 1, & y_i^* > 0 \\ 0, & y_i^* \leqslant 0 \end{cases} \tag{5-5}$$

$$p(y_i \mid x) = \Phi(x_i'\beta) \equiv \int_{-\infty}^{x_i'\beta} \varphi(t)\,dt \tag{5-6}$$

其中，y_i 为因变量，p 为贫困发生的概率，对概率求偏导即可得到其边际效应。

二、变量选取

（一）被解释变量

在单维相对贫困影响因素研究中，因变量 Y 属于只有 0 和 1 两种取值的二分变量，0 代表不处于相对贫困状态，1 表示处于相对贫困状态。即在研究农户的收入相对贫困影响因素时，因变量 $Y=1$ 表示样本农户处于收入相对贫困状态，$Y=0$ 表示农户不处于收入相对贫困状态，研究能力、生态、文化及权利等单维相对贫困问题的影响因素时亦是如此。

（二）解释变量选取

基于前文文献综述及理论分析可以发现，农户多维相对贫困问题可能受户

主个体特征、农户家庭情况、乡村发展状况等多方面因素影响。基于调研问卷及数据的可获得性,本书从户主个体特征中选取户主健康水平、户主接受教育年数,从农户家庭情况中选取外出打工人口数、义务教育年龄段人数、患病人数(含大病、残疾精神病及慢性病等)、耕地面积、享受健康医疗保险和养老金以及产业帮扶、加入合作社、参加就业培训、获得扶贫小额贷款等发展帮扶情况,从乡村发展状况中选取村两委班子做事是否公道和乡村发展总体状况,包括交通出行条件、电力设施、通信设施、饮水及农田水利设施、儿童上学条件、就医看病条件、卫生环境、文体设施等方面改善情况,作为可选取的解释变量。在具体回归分析时,切换解释变量和控制变量,考察户主个体特征、农户家庭情况、乡村发展状况三个方面的哪些指标因素会对不同维度相对贫困带来影响。

第一,户主个体特征。户主是一家之主,是家庭最主要的劳动力和收入来源,他的健康水平和接受教育年数对家庭的收入情况、人力资本状况及发展权利有着十分重要的影响。赋值方面,户主年龄和接受教育年数是定量连续变量,户主健康水平为定性分类变量,非常差取值为1,较差取值为2,一般取值为3,较好取值为4,非常好取值为5。

第二,农户家庭情况。农户家庭是中国小农经济的基本单元,农户家庭的生计资本与其生计策略有着十分密切的联系。耕地面积、外出打工人口数、患病人数(含大病、残疾精神病及慢性病等)、义务教育年龄段人数等是描述一个农户家庭自然资本和人力资本状况的最主要特征,健康医疗保险、养老金享受情况描述的是家庭成员基本社会保障情况,产业帮扶、加入合作社、参加就业培训、获得扶贫小额贷款等内容反映在脱贫攻坚阶段农户获得的发展帮扶情况,这也是这一阶段农户家庭发展的重要助力。赋值方面,耕地面积、外出打工人口数、义务教育阶段人数、劳动力人数、患大病人数和参加就业培训人次是定量连续变量;养老金是定性分类变量,60岁以上老年人都有养老金取值为1,部分有取值为2,都没有取值为3;发展产业是定性分类变量,有资金或实物支持发展产业取值为1,没有则取值为2;加入合作社是定性分类变量,有加入合作社取值为1,没有则取值为2;获得扶贫小额贷款是定性分类变量,借过扶贫小额贷款取值为1,没有则取值为2;健康扶持政策是定性分类变量,享受基本医疗保险和大病互助保险,且个人缴费部分有财政补贴等扶持政策取值为0,否则取值为1。

第三,乡村发展状况。脱贫攻坚阶段,政府在对建档立卡贫困户家庭进行精准帮扶、精准施策的同时,对贫困户、贫困村、贫困县的帮扶投入也极大地改善了乡村的基本面貌，提高了农民生活的幸福感，为推进乡村振兴打下了坚实基础。在这里选取村两委班子做事是否公道和乡村发展总体状况，含交通出行条件、电力设施、通信设施、饮水及农田水利设施、儿童上学条件、就医看病条件、卫生环境、文体设施等方面改善情况作为自变量，实证考察乡村发展和村级组织建设对农户贫困状况的影响。赋值方面，村两委做事是否公道是定性分类变量，公道取值为1，不公道取值为2，不太清楚取值为0。乡村发展总体状况包含整体评价、交通出行条件、电力设施、通信设施、饮水及农田水利设施、儿童上学条件、就医看病条件、卫生环境、文体设施9个方面，都是定性分类变量，以前有问题现在变好取值为1，以前没有问题现在也没有问题取值为2，以前有问题现在还未解决取值为3，以前没有问题现在出现问题取值为4。

（三）变量的描述性统计

上节表5-14反映了本部分要研究的被解释变量Y的统计情况，也就是2019年农户的多维相对贫困状况。表5-15展示了可选取的解释变量和控制变量的描述性统计情况，主要报告了样本均值、标准差、最小值和最大值。

户主个体特征数据方面，户主平均年龄接近61岁，年龄最大的户主92岁，年龄最小的户主14岁，这说明户主年龄偏大，总体分布在14到92岁之间，标准差也较大；户主平均受教育年数为4.76年，最大受教育年数为14年，最小是0年，也就是户主没有接受过正规教育，这与户主年龄偏高有较大关联；户主健康水平方面，均值接近3，也就是大部分户主的身体健康水平处于一般水平。

农户家庭情况数据方面，耕地面积均值为2.4亩，最大面积为15亩，最小面积为0亩，也就是存在失去土地农户；有的家庭有4个劳动力外出务工，有的家庭同时有4人处于义务教育阶段，存在个别没有劳动力的家庭，平均每个家庭都有1人患有大病或慢性疾病，参加就业培训人次比例较低，60岁以上老年人部分有养老金，大部分农户没有接受发展产业帮扶、没有加入合作社、没有获得过扶贫小额贷款，大部分农民没有享受基本医疗保险和大病互助保险。

乡村发展状况数据方面，调研对象整体评价村两委做事是比较公道的，普遍认为乡村的交通出行条件、电力设施、通信设施、饮水及农田水利设施、儿童上学条件、就医看病条件、卫生环境、文体设施条件有所改善，但也存在部分前期遗漏问题未得到及时解决的情况。

表 5-15 可选解释变量和控制变量的统计描述

自变量	均值	标准差	最小值	最大值
户主年龄	60.93	10.38	14	92
户主健康水平	2.815	0.887	1	5
户主接受教育年数	4.758	3.222	0	14
耕地面积	2.401	1.832	0	15
外出打工人口数	0.849	0.848	0	4
义务教育阶段人数	0.594	0.869	0	4
养老金情况	1.720	0.957	1	3
发展产业	1.891	0.312	1	2
加入合作社	1.865	0.342	1	2
就业培训人次	0.333	0.766	0	7
扶贫小额贷款	1.773	0.419	1	2
劳动力人数	1.650	1.177	0	6
患大病人数	1.041	0.996	0	6
健康扶持政策	0.938	0.241	0	1
村两委做事公道	0.978	0.345	0	2
乡村总体状况	1.435	0.815	1	4
交通出行条件	1.587	0.894	1	3
电力设施	1.966	0.998	1	4
通信设施	1.872	0.985	1	4
饮水及农田水利设施	1.937	0.982	1	4
儿童上学条件	2.037	0.987	1	4
就医看病条件	1.649	0.919	1	4
卫生环境	1.611	0.922	1	4
文体设施	1.692	0.910	1	4
乡村建设改善情况	1.754	0.723	1	3

三、实证分析

（一）研究假设

基于有关学者对多维相对贫困问题的研究及农户生计资本的主要构成因素，本节研究基于以下两个研究假设：一是收入、能力、文化、生态和权利五个不同维度的贫困相对独立；二是造成五个维度贫困的影响因素在户主个体特征和农户家庭情况方面存在一定关联，但在乡村发展状况方面存在一定差异。因调研对象在权利贫困方面的比例和程度过高，在对权利贫困这一被解释变量进行归因分析时，被解释变量的显性取值（$p=1$）数量少于被解释变量的数量，达不到统计学中归因分析的要求，故本节不予讨论。

（二）结果分析

表5-16为不同维度的相对贫困状态的回归结果。

对收入相对贫困影响因素进行回归分析的结果显示，义务教育阶段人数、户主年龄、养老金状况和通信设施改善是对收入相对贫困有一定影响的解释变量。其中，农户家庭中处于义务教育阶段的人数对收入相对贫困有着十分明显的正向影响，可能是由于农户家庭中处于义务教育阶段的人数越多，可为家庭带来收入的劳动力越少，同时由于学习需要还会加重家庭的经济负担，从而造成农户家庭的收入相对贫困；户主年龄和是否有养老金也会对收入相对贫困带来一定影响，户主年龄越大获得收入的可能性越低，没有养老金也会引发收入相对贫困；此外，通信设施的改善能缓解收入相对贫困，这可能是因为信息的获取能拓展农户知识、就业能力和就业渠道，进而提高农户的收入水平。

对能力相对贫困影响因素进行回归分析的结果显示，户主受教育程度、卫生环境、耕地面积和健康扶持政策是对能力相对贫困有较大影响的解释变量。其中，户主受教育程度对能力相对贫困有着十分显著的负向影响，户主的受教育程度越高，自身发展能力就越强，农户能力相对贫困的可能性也就越低；乡村卫生环境的改善（解释变量值越高代表卫生环境越恶化）能有效缓解能力相对贫困，主要是因为卫生环境的改善可减少家庭成员患疾病的风险，提高家庭成员的健康水平，提高农户家庭的发展能力；耕地面积的增加对能力相对贫困有一定正向影响，主要是耕地面积的增加会让农户家庭投入更多劳动力和时间用于农业劳动，影响其参加学习或从事第二、三产业，在一定程度上影响了农户家庭发展能力的提高；健康扶持政策（有财政补贴等扶持政策取值为0，否则取值为1）对能力相对贫困有负向影响，这说明健康扶持政策的保障能有效缓解能力相对贫困，而健康扶持政策的缺失将带来能力相对贫困，主要是健康扶持政策能帮助提高农民的健康水平。

对文化相对贫困影响因素进行回归分析的结果显示，文体设施、户主健康水平、义务教育阶段人数和电力设施是对文化相对贫困有影响的解释变量。其中，文体设施（取值越高说明文体设施条件越差）与文化相对贫困有显著的负相关性，这说明乡村文体设施条件的改善能显著缓解农户的文化相对贫困状况；户主健康水平（取值越高说明健康水平越高）与文化相对贫困有较为显著的负相关性，这说明户主越健康越不容易发生文化相对贫困；义务教育阶段的人数也与文化相对贫困有较为显著的负相关性，具体的解释是教育可有效缓解文化相对贫困；电力设施（取值越高说明电力设施条件越差）也与文化相对贫困有一定的负相关性，这说明乡村电力设施的改善也可以有效缓解农户文化相对贫困状况。

对生态相对贫困影响因素进行回归分析的结果显示，是否加入合作社和户主健康水平是对生态相对贫困状况有显著影响的解释变量，且都有显著的负向相关性，也就是说户主健康水平的提高和加入合作社都可以有效缓解农户生态相对贫困。其主要是因为户主健康水平的提高和加入合作社都可改善农户的生态资本，进而减少生态相对贫困的可能。

表 5-16　单维相对贫困状况的影响因素 1

解释变量	被解释变量			
	收入相对贫困	能力相对贫困	文化相对贫困	生态相对贫困
户主年龄	0.017 **	−0.006	0.003	−0.000
	(0.009)	(0.008)	(0.006)	(0.005)
户主健康水平	−0.094	0.023	−0.130 **	−0.163 ***
	(0.095)	(0.087)	(0.065)	(0.058)
户主受教育程度	−0.020	−0.176 ***	−0.023	−0.008
	(0.026)	(0.026)	(0.018)	(0.016)
耕地面积	−0.053	0.077 *	0.014	−0.021
	(0.042)	(0.047)	(0.031)	(0.027)
外出打工人口数	0.120	−0.095	−0.004	−0.043
	(0.118)	(0.099)	(0.077)	(0.070)
义务教育阶段人数	0.447 ***	0.141	−0.145 **	−0.061
	(0.134)	(0.091)	(0.062)	(0.057)
养老金情况	−0.213 **	−0.106	−0.073	−0.086
	(0.089)	(0.085)	(0.064)	(0.057)

表5-16(续)

解释变量	被解释变量			
	收入相对贫困	能力相对贫困	文化相对贫困	生态相对贫困
发展产业	−0.017	0.286	0.022	−0.064
	(0.306)	(0.296)	(0.224)	(0.195)
加入合作社	−0.158	−0.097	0.022	−0.366**
	(0.273)	(0.265)	(0.202)	(0.175)
就业培训人次	−0.106	0.118	0.073	−0.094
	(0.093)	(0.107)	(0.081)	(0.064)
扶贫小额贷款	−0.217	0.059	0.185	0.035
	(0.199)	(0.172)	(0.133)	(0.122)
劳动力人数	0.082	−0.099	−0.050	0.016
	(0.088)	(0.076)	(0.059)	(0.053)
患大病人数	−0.049	0.079	0.015	0.044
	(0.081)	(0.083)	(0.058)	(0.051)
健康扶贫政策	0.065	−0.267*	0.081	0.010
	(0.253)	(0.148)	(0.134)	(0.118)
村两委做事公道	0.154	−0.170	−0.037	−0.181
	(0.232)	(0.209)	(0.160)	(0.148)
乡村总体状况	−0.210	−0.087	0.256	−0.039
	(0.196)	(0.179)	(0.158)	(0.130)
交通出行条件	0.336	0.185	0.060	−0.085
	(0.219)	(0.192)	(0.143)	(0.126)
电力设施	0.055	−0.056	−0.267*	0.032
	(0.225)	(0.202)	(0.158)	(0.144)
通信设施	−0.397*	−0.132	0.217	0.172
	(0.210)	(0.187)	(0.158)	(0.141)
饮水及农田水利设施	0.117	−0.133	0.017	0.042
	(0.170)	(0.143)	(0.120)	(0.105)
儿童上学条件	0.164	0.077	−0.068	0.155
	(0.193)	(0.153)	(0.113)	(0.105)
就医看病条件	−0.221	−0.027	−0.048	−0.142
	(0.164)	(0.149)	(0.114)	(0.104)

表 5-16 （续）

解释变量	被解释变量			
	收入相对贫困	能力相对贫困	文化相对贫困	生态相对贫困
卫生环境	0.068	0.448 **	0.149	−0.003
	(0.219)	(0.210)	(0.150)	(0.131)
文体设施	−0.092	−0.139	−0.278 ***	0.088
	(0.143)	(0.117)	(0.094)	(0.089)
Constant	1.462	3.241 ***	1.045	0.917
	(0.976)	(0.855)	(0.665)	(0.585)

注：*** $p<0.01$，** $p<0.05$，* $p<0.1$。

根据解释变量的描述性统计情况和表 5-16 的回归结果还可以发现，可选取的解释变量之间可能存在一定的线性相关性，这在一定程度上会影响回归结果。那么在对不同维度的相对贫困影响因素进行实证归因分析时，可先对数据进行相关性检验，并在不同维度的相对贫困状态进行回归分析时选取有一定差异性的观察值，得到更优的分析结果。消减数据相关性，去除有可能带来内生性问题的相关变量后的回归结果明显提升，每一个维度相对贫困问题的解释变量都有所增加，回归效果也更加显著。表 5-17 是去掉线性相关解释变量后的回归结果。

表 5-17 单维相对贫困状况的影响因素 2

解释变量	被解释变量			
	收入相对贫困	能力相对贫困	文化相对贫困	生态相对贫困
户主年龄	0.002	0.002	0.010 **	—
	(0.006)	(0.007)	(0.005)	—
户主健康水平	−0.215 ***	—	−0.086	−0.273
	(0.066)	—	(0.054)	(0.181)
户主受教育程度	−0.053 ***	−0.010	−0.002	0.016
	(0.018)	(0.022)	(0.015)	(0.047)
耕地面积	−0.033	0.013	—	—
	(0.033)	(0.037)	—	—
劳动力人数	−0.141 **	−0.060	—	—
	(0.066)	(0.080)	—	—

表5-17(续)

解释变量	被解释变量			
	收入相对贫困	能力相对贫困	文化相对贫困	生态相对贫困
外出打工人口数	0.084	−0.050	0.037	—
	(0.084)	(0.104)	(0.069)	—
义务教育阶段人数	0.166**	0.101	−0.144**	—
	(0.065)	(0.082)	(0.057)	—
养老金情况	−0.019	−0.013	—	—
	(0.068)	(0.084)	—	—
发展产业	−0.129	0.468**	0.016	—
	(0.208)	(0.214)	(0.159)	—
就业培训人次	−0.170*	—	−0.163**	—
	(0.100)	—	(0.067)	—
扶贫小额贷款	0.261*	0.574***	0.041	—
	(0.156)	(0.208)	(0.120)	—
患大病人数	−0.036	0.029	—	—
	(0.057)	(0.068)	—	—
健康扶贫政策	−0.026	−0.067	—	—
	(0.135)	(0.195)	—	—
村两委做事公道	—	—	−0.088	—
	—	—	(0.141)	—
乡村总体状况	−0.060	−0.216	0.124	—
	(0.137)	(0.163)	(0.123)	—
交通出行条件	0.135	—	−0.015	−0.497**
	(0.124)	—	(0.122)	(0.250)
电力设施	—	—	−0.159	−0.871*
	—	—	(0.146)	(0.458)
通信设施	—	—	0.438***	−0.108
	—	—	(0.141)	(0.423)
饮水及农田水利设施	—	—	0.014	−0.622***
	—	—	(0.102)	(0.204)
儿童上学条件	—	0.095	−0.198*	—
	—	(0.135)	(0.104)	—

表 5-17（续）

解释变量	被解释变量			
	收入相对贫困	能力相对贫困	文化相对贫困	生态相对贫困
就医看病条件	—	−0.087	−0.116	—
	—	(0.138)	(0.101)	—
卫生环境	—	—	−0.217*	0.381
	—	—	(0.124)	(0.281)
文体设施	—	—	−0.194**	—
	—	—	(0.088)	—
Constant	−0.437	−0.600	−0.301	−2.498***
Observations	(0.647)	(0.869)	(0.483)	(0.730)
	763	763	763	590

注：*** $p<0.01$，** $p<0.05$，* $p<0.1$。

对收入相对贫困影响因素进行回归分析的结果显示，影响收入相对贫困的主要因素包括户主特征里的户主健康水平和受教育程度，家庭特征里的劳动力人数和义务教育阶段人数，以及就业培训和小额扶贫贷款获得情况，其他指标对收入相对贫困的影响不显著。针对此结果可能的解释是，户主作为家庭的一家之主，是主要劳动力，他的健康水平及受教育程度直接影响他的收入水平，进而影响整个农户家庭的收入；家庭的劳动力数量增多，会增加家庭收入来源，进而减少收入相对贫困；处于义务教育阶段的人数增多，会增加家庭抚养负担，容易引发收入相对贫困；就业培训能增加农户受教育程度，降低收入相对贫困。值得注意的是，小额扶贫贷款的提供有可能增加收入相对贫困，可能的解释是申请小额扶贫贷款的农户本身就是收入困难群体。

对能力相对贫困影响因素进行回归分析的结果显示，扶贫小额贷款和发展产业对能力相对贫困产生负向影响。可能的解释是，小额扶贫贷款和发展产业的带动使得农户投入更多的时间和精力去发展产业，这种劳累有可能给农户身体健康水平带来负面影响。有了更好的发展机会后，农户将更多的时间和精力投入到生产劳动中，减少了其接受教育的时间投入。

对文化相对贫困影响因素进行回归分析的结果显示，乡村文体设施的改善能对缓解文化相对贫困有十分明显的正向作用。同时，家庭特征里的义务教育阶段人数以及家庭成员参加就业培训情况会对文化相对贫困产生明显影响，乡村的卫生环境和儿童上学条件的改善也将对缓解文化相对贫困产生积极作用。但是户主年龄和乡村通信设施的改善反而会加剧文化相对贫困，这可能是因为通信设施改善后亲友之间相互交流联系更加便捷，能更多通过网络、电话等方式进行联系和互动，而户主年龄的增加会带来行动不便，减少农户之间的走动和交流，能给予亲友的帮助也更少一些。

生态相对贫困方面，回归分析结果显示，乡村饮水及农田水利设施的改善对生态相对贫困有十分显著的影响，乡村交通出行条件和电力设施也能显著影响农户的生态相对贫困状况。这是因为这三个方面都能很好地改善乡村的生态环境，进而改善农户的生态相对贫困状况。

本章小结

贫困现象是一个动态变化的综合社会问题，既有多元复杂性，也有其动态变化性。在本章中，通过对近年来多维相对贫困问题研究和测度方法的对照梳理，确定了通过 A-F 双界线法进行多维相对贫困分析识别的研究思路，结合上一章阐述的收入、能力、文化、生态和权利五个维度的多维相对贫困分析框架，根据调研样本数据情况制定了多维相对贫困识别与分解的指标体系，并对2014 年（精准扶贫元年）和 2019 年（脱贫摘帽元年）两个有着重要意义年份的样本数据进行了对比分析。

通过对样本地区农户的多维相对贫困测度研究可以发现，5 年的精准扶贫工作使得农户的相对贫困状况明显改善，多维相对贫困发生率和多维相对贫困指数都有明显下降，4 个维度相对贫困发生率已不到 4%，且消除了 5 维相对贫困。整体而言，生态和收入维度的相对改善最为明显，这与国家脱贫攻坚阶段推行的"两不愁三保障"及脱贫线结合脱贫标准高度吻合，这也说明一系列有效的精准帮扶举措在一定程度上精准缓解了贫困农户的多维相对贫困状况。笔者通过对农户多维相对贫困问题影响因素的实证分析发现，户主情况、家庭特征和乡村建设治理情况都会在一定程度上对农户的相对贫困状况产生影响。特别是户主健康水平、户主受教育程度、家庭成员的就业培训、获得小额扶贫贷款情况以及乡村的文体设施、儿童上学条件、卫生环境、饮水及农田水利设施的改善都对农户收入、能力、文化、生态相对贫困产生正向或负向影响。通过本章的实证分析，可以得出以下结论：

一是精准扶贫工作在消灭绝对贫困的同时，也有效缓解了农户的多维相对贫困。通过本章对多维相对贫困测度的研究，对比样本地区精准扶贫元年2014 年和整体脱贫后进入乡村振兴元年 2019 年的数据可以发现，通过 5 年的精准扶贫工作，样本地区农户在摆脱绝对贫困，解决了"两不愁三保障"问题的同时，多维相对贫困状况也得到了明显改善。多维相对贫困发生率和多维贫困指数都有明显下降，其中，生态和收入维度的相对改善最为明显，这与国家脱贫攻坚阶段推行的"两不愁三保障"及脱贫线结合脱贫标准高度吻合，这也说明一系列有效的精准帮扶举措在一定程度上精准缓解了贫困农户的多维相对贫困状况。这也实证说明了，在乡村振兴多维相对贫困治理阶段，实现脱贫攻坚和乡村振兴的有效衔接十分必要。其不仅可以防止贫困户规模性返贫，也可以持续缓解多维相对贫困。

二是绝对贫困问题虽然消失，但农户多维相对贫困状况依然十分严峻。通过对样本地区农户的单维相对贫困测度分解研究可以发现，脱贫攻坚阶段，伴随着国家经济的快速发展及精准扶贫带来的农民增收增速，对农户个体而言，农民收入增加的获得感是最为强烈的，收入相对贫困发生率减少了30%，且与全国农村人均收入的差距越来越小。在习近平生态文明思想的指导下，近年来党和国家高度重视乡村生态治理和基础设施建设，乡村现有的生态资本和人居环境都得到了极大改善，基本能够满足农民便捷、安全、舒适的生产生活需要。但值得注意的是，无论是对多维相对贫困的分析还是对单维相对贫困的识别研究，都发现权利相对贫困、文化相对贫困和能力相对贫困问题的改善并不显著，这也与很多学者提出的，乡村振兴战略要特别强调和注意将"扶贫"向"扶志"和"扶智"转移，提高农民自身的发展能力的意见建议相吻合。能力相对贫困、文化相对贫困和权利相对贫困是农民相对贫困问题更深层次的原因，也是更难消除的历史问题，将影响和制约农户自身发展的能力进一步提升，也是乡村振兴阶段要重点关注的问题。

三是人力资本内因是影响农户多维相对贫困的主要因素。对农户多维相对贫困问题影响因素的实证分析发现，户主情况和家庭特征会在一定程度上对农户的相对贫困状况产生影响。特别是户主健康水平、户主的受教育程度、家庭成员的就业培训都对农户收入、能力、文化、生态相对贫困产生正向或负向影响，这些都在一定程度上代表了农户家庭的人力资本水平。这说明影响农户多维相对贫困的主要原因在于内因，提高户主健康水平和受教育程度，加强家庭成员的就业培训等措施能有效提高农户家庭的人力资本水平，进而有效缓解农户的多维相对贫困状况。

四是乡村发展状况外因影响农户多维相对贫困状况。通过对农户多维相对贫困问题影响因素的实证分析，我们还发现，获得小额扶贫贷款情况和乡村的文体设施、儿童上学条件、卫生环境、饮水及农田水利设施的改善都对农户收入、能力、文化、生态相对贫困产生正向或负向影响。这些外因也是影响农户多维相对贫困的重要因素。近年来，我国的扶贫工作特别注重乡村的基础设施建设，特别是上学、就医、饮水安全、农田水利及文化设施，采取了"厕所革命""污染防治保卫战"等一系列针对性强且行之有效的农村人居环境整治措施，也特别开展了金融下乡为农民赋能等活动，在打赢脱贫攻坚战消除绝对贫困的同时，缓解了农户的多维相对贫困状况。第四章的学理分析和本章的实证论证，分别从理论和实践两个层面证明了乡村整体发展状况的变化是影响农户多维相对贫困状况的重要因素。

值得注意的是，无论是对多维相对贫困的分析还是对单维相对贫困的识别研究，都发现权利相对贫困、文化相对贫困和能力相对贫困问题的改善情况没有收入相对贫困那么乐观，能力相对贫困和权利相对贫困问题的改善并不显著，且将影响和制约农户自身发展能力的提升和乡村振兴的步伐。这也是很多学者提出的，乡村振兴战略要特别强调和注意将"扶贫"向"扶志"和"扶智"转移，提高农民自身的发展能力。本章的实证数据支持了本书第四章对我国农村当下多维相对贫困问题现状的分析观点。

第六章 乡村振兴实践及其多维减贫效果——以咸宁市咸安区为例

第一节 研究案例简述

一、研究案例区位特征

咸宁市地处华中江汉平原腹地、长江之滨、湖北之南，区位优越、交通便利，位居武汉、长沙、南昌"中三角"的地理中心，东西交汇、南北贯通，是武汉都市圈和长江中游城市群重要成员，素有"桂花之乡、楠竹之乡、茶叶之乡、苎麻之乡、温泉之乡、千桥之乡"的美誉，是全国首批旅游标准化城市、首批通过全国水生态文明建设试点验收城市、第一批国家农业可持续发展试验示范区、国家卫生城市。咸宁市是湖北省辖地级市，有1个市辖区咸安区、1个县级市（赤壁市）和4个县（通城县、通山县、崇阳县、嘉鱼县），有沿江湖冲积平原区（咸安区）、大幕山—雨山低山丘陵区（通山县高湖至沙店一线以北）和幕阜山侵蚀构造中山地区（通山县高湖至沙店一线以南）3个地貌区，总面积10 033平方千米。根据第七次人口普查数据，咸宁市现有常住人口265万人。

咸宁市有着丰富的旅游生态资源，虽然其经济总量与沿海发达地区有一定差距，但其优越的地理位置、便利的交通条件和良好的生态环境为"大旅游、大健康、大文化"三大产业的发展奠定了坚实基础。近年来，咸宁市新型工业化、信息化、城镇化与农业现代化——"新四化"耦合良好且稳步发展，土地城镇化和人口城镇化发展迅速，脱贫攻坚成果得到巩固拓展，与乡村振兴战略实现有效衔接。

二、国民经济发展情况

产业发展方面。咸宁市的茶业历史悠久，赤壁的"羊楼洞"就是欧亚万里茶道的源头，极具影响力。从这里远销欧亚的"青砖茶""米砖茶"享有"生命之茶"的美誉。17世纪，"万里茶道"一度被称为连通中俄两国的"世纪动脉"，有着巨大的经济价值。目前，咸宁市形成了赤壁青（米）砖茶区、咸宁市名优绿茶区、通城出口精制区、崇阳特种绿茶区、通山高山红茶乌龙茶区的"一县一品"茶叶生产区域化布局。旅游是咸宁市的特色产业之一，有着鲜明的资源优势，也有着形式多样的旅游产品，温泉旅游产业整体发展能力较强，但是也存在规划不合理、特色饮食文化和旅游路线开发不够、从业人员素质不高、规范标准缺乏、产品同质化现象严重以及生态环保等问题，温泉旅游产业经济效益可持续发展能力有待进一步提高（高峰，2016；万龙，2018）。近年来，咸宁市大力发展特色小镇，吸收了大量来自周边地区的游客及消费人群，但其也面临着旅游资源缺乏特色、基础设施不够完善、同质化竞争严重的风险（许慧卿，2016）。柑橘、苎麻等产业是咸宁市的传统特色农业产业，近年来也面临发展瓶颈。苎麻产业因株苗的高成本和低收益严重挫伤了麻农的积极性，发展受阻（熊伟、汤涤洛，2018）。竹笋产业因为存在结构不均衡、产业链条不成熟、种植管理粗放和中高端加工挖掘不够的问题，产值与浙江、福建地区相比还有较大差距。咸宁市是柑橘主产区，但其品种结构单一、果园管理水平低、经营主体少而弱、技术人员严重缺乏，并没有形成品牌（郑丽、徐绳武，2018）。

人才建设方面。近年来，咸宁市通过"人才回归""招硕引博""香城大学生创业计划"等一系列人才工程推进人才队伍建设，人才工作健康稳步发展、态势良好，但同时也存在观念欠新、机制不活、环境欠佳、投入不足、人才总量绝对不足与人才相对过剩、人才分布不均与流通不畅、人才引进难与流失易并存的现象。自2014年咸宁市启动新型职业农民培育工程以来，全市共培育了覆盖生产经营、社会服务、专业技能、农业创业、家庭农场主新型职业农民两万余人，促使全市农民人均可支配收入增加近两千元，但也存在培训对象局限、资金投入不足、培训内容缺乏实践性和系统性等问题。

生态保护方面。咸宁市有山丘、河流、湖泊，山水结合好，形状多样、不单调，是武汉都市圈和长江中游经济带城市中轨道和铁路交通较便利、生态自然条件较好的中小型城市区位，且工业化程度不高，水域土壤面源污染少，具有得天独厚的先天优势。幕阜山片区林业生态建设成效显著，生物多样性保护态势良好，环境综合治理扎实推进，但也面临建设用地触角不断伸向林地、环境污染形势严峻、精准扶贫与环境保护统筹不够的问题，生态十分脆弱。咸宁市的古树名木资源、水资源、历史文物资源也非常丰富，但是其生态环境系统可持续发展状况不容乐观。由于病虫侵害、土壤板结和人为破坏，相关机构对古树木的保护力度不够。虽有丰富的森林资源，但也存在系统规划滞后、定位不够明确、生态文化体系建设不足、品牌宣传力度不够的问题，未能得到合理有效的可持续开发利用，林分质量差、森林观赏价值不高、产业结构不合理等问题阻碍了林业经济的发展（郑猛，2017）。

历史文化方面。咸宁市是一座历史名城，是湖北古民居的聚集地，其古民居数量、质量以及规模、保存完好程度位居湖北省前列。咸宁市的古民居特色鲜明、品类齐全、价值深厚，不仅是徽派建筑中的一颗明珠，而且是珍贵的历史文化遗产。2011 年，"咸宁市长歌"入选湖北省第三批非物质文化遗产名录。

截至 2021 年年底，咸宁市生产总值为 1 751.82 亿元。其中，第一产业增加值 236.60 亿元，全年粮食总产量 119.51 万吨，第二产业增加值 703.20 亿元，第三产业增加值 812.02 亿元，三次产业结构比为 13.5∶40.1∶46.4。此外，全市常住人口城镇化率为 57.35%，城镇常住居民人均可支配收入为 35 990 元，农村常住居民人均可支配收入为 18 534 元，城乡居民收入比为 1.94[①]。

第二节　研究案例乡村振兴实践及其多维减贫效果

咸安区是咸宁市人民政府所在地，本节分析的数据源于笔者 2019 年 7 月至 8 月在咸安区的调研。

一、乡村振兴基础与短板

（一）产业振兴基础与短板

1. 产业振兴基础

咸宁市是一座温泉资源丰富的城市，而"温泉文化"是咸宁市咸安区的一张靓丽名片。咸安区内汤池分布广泛，类型齐全。2011 年，"灵秀湖北"十

---

① 数据来源：2021 年咸宁市国民经济和社会发展统计公报。

大旅游名片揭晓,咸宁市温泉榜上有名。咸安区盛产楠竹,有着源远流长的竹文化和丰富的竹工艺品、竹雕产品等民间竹艺。咸安区还是我国著名的"桂花之乡",有金桂、银桂及丹桂、四季桂等四大品类 32 个品种,因而也有"香城"的美誉。

咸安区农产品资源丰富,有较好的产业基础。咸安区的苎麻纺织、机电制造、现代森工建材等三大产业被纳入湖北省的重点成长型产业集群。随着长江经济带、长江中游城市群等重大国家战略的深入实施,区委、区政府提出了全力推进现代装备制造、新能源、电子信息、汽车及零部件制造、生物医药等五大百亿产业,大力发展智能机电、互联网+、生命健康、节能环保、电子信息、新能源新材料等新兴产业,着力抓好大旅游、大健康、大文化"三大产业"的战略目标,咸安区已形成了纺织服装产业园、节能电机产业园、电子信息产业园、农特产品及食品加工产业园、大健康生物医药产业园、新型材料产业园、精密模具及高端装备制造产业园、森工建材及竹循环经济产业园的"八园"产业布局。

蔬菜产业是咸安区的特色产业之一。其以"一区两带一园"为主,即以咸安绿色农业开发区、官埠休闲农业观光经济带、幕阜山绿色经济带和双溪现代农业产业园为主,创建蔬菜特优区,带动以杨堡辣椒、白水畈萝卜、丰源莲子、向阳湖莲子汁等为主的品牌创建,完善推进"白水畈"萝卜、"俏丰源"莲子、"向阳湖"莲子汁、"千千一绿"薯尖鲜汁四条产业链的建设和全区三十个"菜篮子"工程示范基地的整合。同时,根据现代农业、生态农业和休闲农业的发展要求,咸安区围绕主导产业,以规范试验基地建设为重点,按照一业为主、多种示范的原则,确定了宝丰农业有限公司现代休闲农业试验示范基地、高桥镇白水畈萝卜种植试验示范基地 2 个科技试验示范基地,成为推动现代休闲农业发展的示范"窗口"。示范基地推动当地休闲农业标准化、规模化、集约化发展,带动周边 30 户贫困户社员脱贫致富,通过优质高效栽培技术,降低成本、提高种植效益、改善生态环境,以产业帮扶的方式,增加就业,促进农民增产增收。

2. 产业振兴短板

近年来,咸安区虽然持续投入力量和资金加强农业改革,促进农业现代化发展,但农业、林业、渔业在全区生产总值占比增长乏力。其主要原因有如下几个方面:一是农业基础设施滞后,农业基础设施建设不完善,抵御自然灾害能力差。二是产业融合不够紧密,特色农业中一、二、三产业融合不够,现代旅游业理念挖掘特色农业生态资源不深,持续发力能力有限,且现代服务业未形成强大力量支撑特色农业发展。三是基层农技推广体系不完善,基层农技推广设施条件薄弱、经费保障不足、人员老化、知识陈旧等,与新形势下现代农业发展对科技支撑的需求不相适应。四是农业新业态挖掘不充分,与新兴市场对接的农业发展新业态挖掘和创新不够,与特色的楠竹、桂花、温泉旅游产业的衔接还不够紧密。

(二)人才振兴基础与短板

1. 人才振兴基础

截至 2019 年年底,咸安区有 1 所本科院校——湖北科技学院;1 所大专院校——咸宁市职业技术学院;1 所中职院校——咸宁市职业教育(集团)学校,另有相关研究单位若干。全区共有学校 107 所,其中普通中学 28 所、小学 78 所、特殊学校 1 所,学龄儿童入学率为 100%,九年义务教育完成率为 100%。此外,全区有卫生工作人员 2 203 人、卫生技术人员 2 031 人,其中执业(助理)医师 1 198 人、注册护士 4 078 人、卫生防疫人员 74 人,城乡居民健康档案电子建档率达 96.3%,适龄儿童国家免疫规划疫苗接种率达 95%以上①。

2. 人才振兴短板

一是乡村人才总量不够。受思想观念和发展空间影响,相当一部分大中专毕业生不愿回到农村,造成乡镇青壮年劳动力严重流失,"老龄化""妇孺化""空心化"现象突出。与此同时,乡村医生、乡村教师、农业技师等农村实用人才储备明显不足,部分存在"有编无人"现象。二是人才结构不够优化,主要表现在年龄偏大、性别失衡、技能不精等方面。基层乡村治理人才及乡村教师年龄偏大,党员储备不足,知识结构老化。农村实用人才中,多以种养技术型人才为主,农村电商等新型农产品经营人才较少,特别是创新创业型人才严重匮乏。三是人才培养用育不合理,难引难留。咸宁市属于环武汉都市圈城市,而咸安区通过城际铁路到武汉只需半小时。便捷的交通出行条件、更好的发展机遇、更丰富的就业岗位和更优的待遇使得咸安区大量优秀人才外溢到武汉求职发展。受限于发展空间,乡村教育、卫健系统的优秀人才也向城镇流动,乡村留下来的大多是中老年义务教育教师和卫生工作人员。此外,虽然有定期举办职业农民培训,但是周期短、缺乏系统的指导和跟踪帮扶,技能培训助力农业增长、农民增收的成效并不十分显著。

---

① 数据来源:2019 年咸安区国民经济和社会发展统计公报。

（三）生态振兴基础与短板

1. 生态振兴基础

咸安区地处江汉平原向江南丘陵地区的过渡地带，北部为江汉平原长江以南的一部分，南部背靠幕阜山脉的北支大幕山，生态基础好，生态资源丰富。其不仅有潜山国家森林公园、向阳湖国家湿地公园，还有"楚天一绝"的太乙洞、碧波万顷的星星竹海、十里飘香的桂花园、强身祛病的渤沸温泉、绿波荡漾的南川水库。咸安区的建筑风格以鄂南民居为主，保存有很多特色传统民居集群。近年来，咸安区先后出台了大气、水、土壤污染防治行动计划和工作方案，持续开展环境执法专项行动，推进河湖库长期开展清河行动，全面推进生态系统的保护和建设，整治突出的环境问题，持续改善生态环境。目前，已经初步建成了农作物秸秆收储、利用和加工体系，拆除了"两湖"的围栏养殖设施，布设了农用地土壤污染状况详查点位，划定了生态保护红线。

2. 生态振兴短板

虽然全区开展了系列生态环境整治工作，取得了一定成效，但是依然有较大提升空间。一是村民生态环保意识有待提高。政府对生态环保的宣传和惩治力度不够，农民对环境污染和破坏的危害性认识不足，存在边整治边污染边破坏的情况。二是乡村基础设施建设标准有待提高。部分乡村原硬化的主干道急需拓宽、修补和加强维护，改善村民的交通出行条件。村庄粪污处理设施较为简陋，乡村生活污水还存在直排周边自然水体的现象。三是乡村基础设施使用管护机制缺乏。乡村公共厕所建设标准低，使用频率不高，部分公共厕所因选址不佳造成闲置。此外，对非法投肥养殖，违规用肥、用药的环境违法违规行为缺少有效监管手段，源头把控不严，农田水面的面源污染依然严峻。

（四）文化振兴基础与短板

1. 文化振兴基础

咸安区历史悠久、人杰地灵，历代文官武将、近现代革命先驱不胜枚举，有着丰富的历史文化底蕴。新民主主义革命和社会主义建设时期，从这里走出了钱亦石、何功伟、钱瑛等一批早期革命家。咸安区也有丰富的历史古迹，有见证历史的北伐汀泗桥、贺胜桥战役遗址，以及冰心、沈从文、臧克家、郭小川等 6 000 余名文坛巨匠生活过的向阳湖"五·七"干校旧址，历史文化资源丰富。不仅如此，咸安区还有着丰富的非物质文化遗产和民俗文化，古田茶歌、汀泗竹雕、汀泗剪纸、民间叙事长歌、徐氏结石病祖传疗法，以及"嫦娥文化""桂花文化""中秋祭月文化""竹文化""茶文化""温泉文化""千桥文化"等都是广为人知的咸安区非物质文化遗产和特色文化。近年来，咸安区高度重视公共文化服务体系示范区创建工作，加强了综合文化站建设的督查和整改力度，以美丽乡村建设、文化和旅游融合为落脚点，注重把特色文化村、综合文化服务中心建设融入全区统筹推进乡村振兴样板区和重点项目中来。

2. 文化振兴短板

文体设施方面，目前，除靠近武汉江夏区的地区有引入企业和社会资本外，咸安区其他乡村的文化设施建设主要依靠政府投入，社会力量和民间资本投资少。从使用和管理的情况来看，目前建成的公共文化设施使用频率不高，存在重建设轻管理现象，村公共图书馆等部分公共文化服务设施出现了不同程度的闲置。文化人才方面，人才的持续流失带来了非物质文化遗产传承的困境，很多民间文化团队缺少专业有效的指导和有序的传承，未能发挥应有的传统文化传承、传播和创造功能。乡村常见的群众文艺活动形式是同质化的广场舞，未形成独特的文化影响力。此外，咸安区人才辈出，但乡贤回流不多，在乡村文化传承和乡村治理中的作用发挥不显著。乡风文明方面，传统思想的影响依然存在，重男轻女思想十分严重，对女性的发展认同和支持不够，阻碍了女性生产力的提高。部分群众对从简办理婚丧嫁娶事宜不支持，依然坚持"大操大办图热闹"的想法。村规村约还不普及，村"两委"在乡村治理和乡村精神文明建设方面的作用发挥还不够。

（五）组织振兴基础与短板

1. 组织振兴基础

结合基层两委换届选举和扫黑除恶工作，多措并举整顿软弱涣散基层组织，选优配强"两委"班子。加强农村集体"三资"清理和"两堂"依法管理，不断强化基层组织建设和基层治理，成效显著。基本普及制定了村规村约，党组织的工作阵地和基本工作条件得到较好保障。

2. 组织振兴短板

基层党员和党组织做了大量工作，但与村民的需要和乡村发展的需要相比仍有差距，作用发挥还不够充分，主要表现为：一是普遍文化水平不高，思想较为保守，创新意识和科技素养不足。二是年龄结构不合理，队伍老化严重，以老带新传帮带不足，党员后备力量储备不够。三是带富致富能力不强，运用市场经济规律和有效信息服务群众、带领群众发家致富的能力不足。四是缺乏科学评价和有效监管。有力的监督管理和科学的群众评价体系的缺失，难以发掘培育优秀的党员干部，个别基层党组织的影响力、组织力和号召力不强，未能较好地发挥战斗堡垒作用。

二、调研乡镇及村庄乡村振兴实践及其多维减贫效果

2019 年 7~8 月,笔者深入咸安区开展入村入户调查,覆盖 9 个乡镇的 78 个村庄笔者了解村庄的基本情况,并对村干部进行深入访谈,详细了解乡村的基本特征、发展状况、面临瓶颈、对乡村和农户的影响,以及对未来的发展规划。表 6-1、6-2、6-3、6-4 分别反映的是调研乡镇及村庄的集体经营情况、种植养殖的面积和品类及劳动力基本情况。

表 6-1 咸安区调研村庄村集体经营情况

调研乡镇 (调研村庄数)	集体企业数 /个	合作社数 /个	私人企业数 /个	家庭农场或 种养大户数 /个
向阳湖镇 (7)	0	16	28	34
官埠桥镇 (4)	1	13	2	31
贺胜桥镇 (7)	0	28	49	36
马桥镇 (11)	4	16	25	40
桂花镇 (6)	2	42	6	19
汀泗桥镇 (8)	2	16	5	11
双溪桥镇 (17)	2	49	25	129
高桥镇 (9)	3	47	9	57
大幕乡 (9)	2	38	7	39
总计	16	265	156	396
均值	0.21	3.40	2	5.08

表 6-2 咸安区调研乡镇种植养殖情况　　　　单位:亩

调研乡镇 (调研村庄数)	水稻	油菜	玉米	花生	黄豆	红薯	蔬菜	苗木	芝麻	莲子	中橘	鱼	小龙虾
向阳湖镇 (7)	10 043	4 755	0	150	0	0	3 497	3 400	870	850	0	1 590	16 950
官埠桥镇 (4)	600	300	0	0	0	0	1 600	0	0	0	0		0
贺胜桥镇 (7)	22 063.48	9 875	350	380	700	0	0	0	0	0	0		0
马桥镇 (11)	16 324	8 065	1 370	300	0	0	0	0	0	0	0		0
桂花镇 (6)	6 041	2 553	1 360	190	0	285	0	1 500	0	0	0		0
汀泗桥镇 (8)	11 145.44	760	500	100	0	0	0	0	0	0	0		0
双溪桥镇 (17)	52 543	27 294	3 905	1 000	420	1 340	0	0	0	0	0		0
高桥镇 (9)	19 184	4 451	662	281	144	303	0	0	0	0	2 230		0
大幕乡 (9)	13 370.73	810	2 390	280	340	2 124	0	0	0	0	0		0

表6-3　咸安区调研乡镇主要种植养殖品类　　　　　单位：亩

调研乡镇	水稻	油菜	花生	蔬菜	苗木	芝麻	莲子	鱼	小龙虾
向阳湖镇	10 043	4 755	150	3 497	3 400	870	850	1 690	16 950
	水稻	油菜	蔬菜						
官埠桥镇	600	300	1 600						
调研乡镇	水稻	油菜	玉米	花生	黄豆				
贺胜桥镇	22 063.48	9 875	350	380	700				
	水稻	油菜	玉米	花生					
马桥镇	16 324	8 065	1 370	300					
	水稻	油菜	玉米	花生	红薯	苗木			
桂花镇	6 041	2 553	1 360	190	285	1 500			
	水稻	油菜	玉米	花生					
汀泗桥镇	11 145.44	760	500	100					
	水稻	油菜	玉米	花生	黄豆	红薯			
双溪桥镇	52 543	27 294	3 905	1 000	420	1 340			
	水稻	油菜	玉米	花生	黄豆	红薯			
高桥镇	19 184	4 451	662	281	144	303			
	水稻	油菜	玉米	花生	黄豆	红薯			
大幕乡	13 370.73	810	2 390	280	340	2 124			

表6-4　咸安区调研乡镇村庄农户及劳动力基本情况

调研乡（调研村庄数）	全村户数/户	居家在外户数/户	建档立卡户数/户	五保户数/户	低保户数/户	全村人口数/个	劳动力人数/个	长期外出务工人数/个	短期务工人数/个
向阳湖镇（7）	6 124	566	519	53	352	24 339	13 641	4 591	4 434
官埠桥镇（4）	3 262	56	376	41	187	11 080	4 500	856	2 090
贺胜桥镇（7）	5 296	1 227	1 114	69	213	21 795	11 539	4 364	3 839
马桥镇（11）	7 875	1 499	1 264	112	364	31 208	12 604	3 790	5 069
桂花镇（6）	4 488	550	904	51	323	18 466	9 850	3 206	2 223
汀泗桥镇（8）	3 826	1 248	594	65	380	15 737	9 191	4 626	2 442
双溪桥镇（17）	12 918	4 790	1 924	182	740	55 959	33 787	12 989	8 476
高桥镇（9）	6 522	2 873	1 175	73	436	23 052	12 809	7 495	2 645
大幕乡（9）	7 140	1 738	889	85	435	29 036	19 726	8 913	4 088
总计	57 451	5 049	8 759	731	3 430	230 672	127 647	50 830	35 306
均值	736.55	64.73	112.29	9.37	43.97	2 957.33	1 636.5	651.67	452.64

通过表6-1的数据我们可以发现，乡镇之间的集体经济差异明显，这与乡镇自身的资源禀赋、地理区位及人才储备都有着较大关联。表6-2和6-3显示，乡镇之间的种植养殖情况也不尽相同，已经产生分化。有的乡镇种类丰富，如向阳湖镇的种养殖产品不仅有传统的水稻、花生、油菜，还有苗木等经济作物，还尝试了稻虾养殖这种新型种养殖模式来提高经济效益。有的乡镇品类相对没有那么丰富但是特色明显，如官埠桥镇的蔬菜、桂花镇的苗木、高桥镇的中橘。分析表6-4的数据可以发现，本次调研的9个乡镇78个乡村的劳动力中，有三分之一的劳动力长期在外务工，接近三分之一的劳动力在外或就近短期务工，切实反映了当前农村剩余劳动力务工及乡村空心化状况。

根据访谈获取的一手资料，基于当前巩固拓展脱贫攻坚成果有效衔接乡村振兴这一发展阶段，笔者选取较为典型的三种乡村发展案例进行归纳，分别对应乡村振兴缓解农户多维相对贫困的实践探索初期的三个阶段，即锚定振兴方向积极推进的进取型乡村、明确振兴方向摸索前进的发展型乡村、继续摸索方向的探索型乡村。

以下内容均来自2019年8月实地调研时与村干部调研采访实录整理。

（一）锚定振兴方向积极推进的进取型乡村

1. 马桥镇曾铺村

现有产业：油菜花观赏。在油菜花一个月花期内，每天游客达2 000人次左右。各种颜色的油菜花，以一定图形栽种，花开时形成立体油菜花海。

资金来源：前五年为政府投资，合计3 000万元左右，主要用于基础设施建设。后期为招商引资，土地由村集体组织流转，投资商进行开发。

发展方向：打造新型田园综合体，发展休闲旅游、餐饮等服务业；打造四季果园，减少农产品的季节性带来的局限性；与高校合作，发展研学基地，促进技术引进与创新；拓宽道路，发展为城郊绿色果蔬基地。

农户参与：田地出租、就地务工、发展个体产业、打造民宿。土地由村集体统一规划，农户在规划内自行耕种。

问：您觉得村里的振兴举措给村里带来了哪些改变，对缓解村民的贫困状况有哪些方面的成效，效果如何？

答（村支书）：村里发展了赏花旅游和经济作物种植产业后，村里剩余劳动力长期外出务工的减少了，很多能够在家就近就业，留在村里的劳动力越来越多了，村里也越来越有活力了。土地由村里根据各家人口和劳动力情况统一规划，对大家都是公平的。村民们有的把土地拿出来出租，再就地务工。有条件的、脑子活的把房子改造出来做民宿，自己当老板。有的加入合作社，大家一起干。整体来说，大家的收入都比较稳定，增收成效十分明显，腰包普遍鼓了起来。这些年村里的回流人数逐年增加，大家对生活的环境越发爱惜，村容村貌改善明显，乡亲们之间的走动也多了起来，在村"两委"的号召和组织下，村规村约可以得到较好的遵守。

2. 高桥镇白水畈村

现有产业：①萝卜，以白水畈贡品萝卜为根源，打造村级特色品牌，带动农户发展。②赏荷采摘，建造完成了 58 亩荷花池，提供观光与莲子采摘等。

未来设想：一是打造"萝卜小镇"，政府基础设施投资 1 000 万元左右，引进湖北省鄂旅投旅游发展股份有限公司（以下简称"鄂旅投"）投资带动发展。二是与京东集团签订协议，打造特色瓜果蔬菜基地，提供安全绿色的食品，拟建设大批大棚。

农户参与：鄂旅投主要以两种形式投资：第一种是租农户的民房，签订三十年租用合同后进行改造；第二种是自身投资建房，目前正在建设过程中。改造或建造的房子面对的主要群体是老年人，即发展养老产业，每套房配套一定面积的土地；租户可根据自身意愿自行耕种或托管土地，吃上放心农家菜。该项目正在建设中。

问：您觉得村里的振兴举措给村里带来了哪些改变，对缓解村民的贫困状况有哪些方面的成效，效果如何？

答（村支书）：2018 年村里的萝卜种植面积约 500 亩，产值达到了 300 万元，为每家农户增收 4 000 元以上，大家的收入整体都有较大提高。2019 年的荷花池虽然尚未带来经济收益，但养老产业和观赏旅游业的发展态势很好，老百姓的参与热情很高，未来收益十分可观。村里变化最大的是村容村貌和大家的生活方式。土地流转出来后，老百姓不用守着那一亩三分地紧巴巴地过日子了，加入合作社或者去帮忙务工，收入都比以前高，还没有那么辛苦，大家也有更多的时间关注孩子的学习，帮着照顾老人了。鄂旅投的投资签约后，对村里的土地进行了统一规划建设，宽敞的马路、整齐划一的房子和装修，干干净净的，再也不用羡慕城里人的生活了。

3. 双溪桥镇三桥村

现有产业：带领全村发展订单农业，农企脱贫攻坚。农民土地集体流转给咸宁市四季龙腾农业开发有限公司，发展"农企+农户"模式。咸宁市四季龙腾农业开发有限公司是三桥村 2016 年引进的精准扶贫龙头企业，总投资达3 000 余万元，主要种植反季节蔬菜。2018 年新增 1 000 亩，主要用于种植薯尖（薯尖一亩可以赚 2 万~3 万元）及薯尖深加工产品（薯尖鲜汁），有利于抢占深秋和初春市场。除此之外还种植豆角（1.2元/斤）、黄豆、花菜等品种。

存在问题：一是准备走"农企+农户"的模式，但是农村劳动力不足，强壮年不在农村，只剩下老弱病残。二是农民不思进取，缺乏农业科学技术；想转变思路，投入劳动力需求较少的品种，但是又存在农业技术不过关的问题，同时也存在干部对中央政策理解不全面、不深入的问题。

未来设想：一是从安徽引入全套的技术和专业的团队，复制他们的模式，然后通过职业经纪人将产品销到各地；二是通过多平台宣传自己，充分利用朋友圈、微信公众号等网络平台（可以参考盘源村的经验）；三是激发农民的内生动力，将发展与他们的切身利益结合在一起（可以参考杨堡村的经验）；四是完善社会化服务体系，用新的思维来解决乡村原有的问题；五是让在外务工的村民有归属感，让他们了解家乡的情况，吸引他们回来。

问：您觉得村里的振兴举措给村里带来了哪些改变，对缓解村民的贫困状况有哪些方面的成效，效果如何？

答（村支书）：目前村里已建成反季节蔬菜大棚250亩，无公害松花菜300亩、丝瓜361亩，带动了村贫困户63户脱贫。2017年，村里土地流转收入有30多万元，农民务工收入总数达80多万元，其中贫困户务工收入有50多万元，老百姓之间的收入差距比以前小了，相对困难的村民平时我们都是比较照顾的。现在村里种植的新品种越来越多了，销量也不错，相信以后的日子会越过越好。越来越多的村民看到了村里的变化和发展机会，有回来的打算。希望未来可以有越来越多的村民加入，把村里的这些产业做成规模，大家的日子也会越过越红火。

4. 双溪桥镇杨堡村

现有产业：①湖北省绿循环生态有限公司，主打产品为有机肥加工，即利用蔬菜尾菜、秸秆、鸡粪、木屑（调节干湿）、碳（调节碳氮比，10%）等做成商业有机肥，主要用于村民自建蔬菜基地；目前产值为蔬菜基地面积200亩，主要种植甜玉米、苋菜、豆角等，价格随市场波动较大，年产值在200万元以上；技术来源为采购设备，引进技术；销售渠道为销往咸宁市蔬菜批发市场。②湖北欣辰生态农业发展有限公司，主打产品为生姜、枇杷。生姜种植面积150亩，大棚加上在建的冷链物流和精深加工生产线，总投入超过700万元。2018年亩产6 500~7 000斤，每斤3元。精深加工为第一道榨汁做成姜茶，榨汁后的做成姜粉，生姜较嫩的部分可以腌制或者做成姜糕；技术来源为去往多地考察，在山东寿光一带发展大面积生姜种植；销售渠道为天猫、淘宝、抖音、实体超市等。③四家蔬菜基地，1 000 余亩，蔬菜种植的基础条件较好（杨堡村位于梁子湖流域，冲积平原，沙质土壤，富含有机质，同时杨堡村离集市比较近）。

未来设想：主要推广品种为生姜、萝卜、杨堡辣椒（国家地理标志）。一是政府继续投入，完善基础设施；二是要以产业为支撑，调动群众的积极性；三是要发展农业职业经纪人，做好服务工作，解决销路问题；四是要发展冷链，解决蔬菜储藏问题；五是要发展生姜、枇杷等农产品的精深加工；六是要引进技术做好虫灾预治；七是要重视教育，从娃娃抓起。

问：您觉得村里的振兴举措给村里带来了哪些改变，对缓解村民的贫困状况有哪些方面的成效，效果如何？

答（村支书）：2018 年村里在人居环境治理方面已投入了 100 余万元，打造了三个亮点，现在村容村貌改善明显，随之也带来了村里的风气的转变。前面开展美化家园卫生建设行动，村民们集体缴费捐投了 6 万多元，义务投工 400 多个，共同出力建设家乡，生态环境越来越好了。村里的土质好，农业种植的收益高。两家农业公司和四家蔬菜基地可以让村民们实现在家就业，大家收入普遍都可以，生活幸福。尝到甜头后，大家越发感觉知识和技术的重要性，对孩子的教育越来越重视，也注重加强自身学习，琢磨新路子。现在村民的工作也比以前好做了，几个能手一带动，大家积极响应，集体开动脑筋，人多力量大。

5. 向阳湖镇宝塔村

现有产业：①咸宁市福兴农业科技示范基地，位于咸宁市咸安区向阳湖镇笔峰塔附近，成立于 2014 年，形式为家庭农产，2017 年成立农业公司，占地面积 1 100 余亩，是集绿色养殖、大棚蔬菜、休闲采摘、农业科普等功能为一体的农业科技示范基地，累计投入 800 多万元（现已亏损 200 多万元），集中土地流转 1 900 亩，核心区面积 480 余亩。②蔬菜瓜果采摘园 260 亩，一年四季均可采摘蔬菜水果。③高档园林盆景观光园，有紫薇、罗汉松、北美海棠等特色苗木 150 亩。④粮油优质生产示范园，再生稻种植 420 亩。

面临问题：产品收益受价格和销量影响，波动较大。种植业受到气候影响冲击，有时产量不高，同时农民跟风种植，导致农产品价格低，效益不好；小龙虾养殖数量太多，价格暴跌；花卉种植后期经济效益也不高。

未来设想：一是要不断变换种植的品种，种植有高技术含量、不容易被人跟风模仿的产品；二是要通过高品质、高价格、低成本占领本地市场。

问：您觉得村里的振兴举措给村里带来了哪些改变，对缓解村民的贫困状况有哪些方面的成效，效果如何？

答（村主任）：目前大家基本都动起来了，整体精神面貌发生了很大改变，打牌的少了，大家都在探索能够增收的好方法，不像以前那么消极懈怠。虽然种植的产品收益受价格和销量的影响，但是比单纯地种点水稻、花生肯定是要好一些的。基地、观光园和示范园搞起来后，村里的村容村貌发生了比较大的变化，比以前干净整洁、漂亮美观了。对村里的建设发展我有一个较强的感悟，那就是要做好农业，不仅需要技术能力，还需要好的经营理念。两者相辅相成才能做好做大做强。

（二）明确振兴方向摸索前进的发展型乡村

1. 大幕乡东源村

振兴方向：规划发展赏花生态旅游产业，带动乡村振兴。

规划产业：春季油菜花+野樱花衔接观赏，从山顶往下看，整个村的全貌尽收眼底，田野栽种油菜花更具震撼力和观赏价值。油菜花观赏结束后山上的野樱花正是开放的时候，围绕绵延10千米的盘山公路可收获一路的樱花美景。夏季漂流，需要经过勘测后才能确定是否满足漂流条件。农户主要是在山下发展餐饮，改造50亩鱼池，发展特色养殖业。

问：对村里未来的发展您有哪些想法，遇到了哪些困难，有没有解决方案？

答（村支书）：未来我们想在山顶建设避暑小别墅，在山下进行民房民宿改造，打造油菜花、樱花和漂流旅游赏花特色产业，让乡亲们回到家乡，共同建设美丽宜居宜业乡村。现在还有很多难点需要攻破，需要有关政府和社会的支持。其难点主要在水、电、通信几个方面：水可取就近山顶的山泉水，但是水源不能完全保证，需要建造较大的蓄水池；电可依托山上的风力发电机组，但是需要一些配套设备；网络通信基站过少，信号很差，而且宽带网络受到限制。

2. 汀泗桥镇古塘村

振兴方向：打造城郊精品蔬菜基地，创建美丽村湾。

规划产业：主打产品是蔬菜种植（100亩）、瓜果采摘（100亩）、稻谷（60~70亩，种一季稻谷再种一季油菜，菜籽饼肥施给自家瓜果），将农产品质量安全放在首位。

创新技术：盆栽蔬菜无土栽培，利用农村废弃的秸秆等粉碎发酵做成基质，采用工厂化、标准化的管理模式，提高蔬菜的价格（比普通蔬菜价格翻了两到三倍）。基质栽培等技术源于湖北省农科院，并且其提供全程技术指导，实现了农产品的可持续发展。

问：对村里未来的发展您有哪些想法，遇到了哪些困难，有没有解决方案？

答（村支书）：接下来我们主要想从以下几个方面着手搞村里的建设，一是带动村民拓展建设蔬菜采摘平台（农耕园），形成一定的规模；二是要完成蔬菜的绿色认证，提高蔬菜产品的质量和价格，计划为高品质餐馆、酒店做绿色蔬菜专供；三是尝试建设电商平台开展营销，比如通过朋友圈宣传自己的有机农产品；四是改变经营思路，引进优良的、效益高的蔬菜水果品种（如草莓等）；五是打造蔬菜村庄，通过盆栽蔬菜，装饰一家一户，完善基础设施建设，搞农家乐。

我有以下几点感悟体会：一是要舍得技术投入，省农科院一年的技术托管费用大概二十万；二是要注册商标，打造属于自己的品牌；三是要产业带动，形成规模，如古塘—黄荆塘的联合发展模式。

（三）继续摸索方向的探索型乡村

1. 桂花镇盘源村

基本情况：盘源村地处桂花镇东北角，属库区村、苏区村，也是离镇区最偏远的山村，由原盘源村和五爱村合并而成。村现辖 22 个村民小组，702 户 3 031 人，建档立卡贫困户 204 户 590 人，是咸安区重点贫困村之一。盘源村有林地 28 000 亩，常用耕地面积 3 073 亩，其中水田 1 830 亩、旱田 1 243 亩，人均耕地面积不足 1 亩。

现有产业：现阶段主要产业为种养殖业，主要有水果、油茶、无公害蔬菜和香菇菌类等，不成规模，发展有限。

问：对村里未来的发展您有哪些想法，遇到了哪些困难，有没有解决方案？

答（村支书）：区域内拥有一定的旅游资源待开发点，如以四门楼水库为主的三大水库，以枫叶林为主要景观的仙人墩，和拥有一定历史的古民居等，整体开发潜力较大，但旅游资源尚未得到有效开发。同时也存在不少制约发展的问题，首先是地少山多，产业基础薄弱。其次是农户居住条件差，基础设施配套不完善。至今通村主干道道路需硬化拓宽 15 公里，组级公路 11 条计 14 公里。有 20% 的村民住的还是旧房、老房，通信网络覆盖率不到 40%，水、电改造覆盖率才达到 30%，互联网覆盖率不到 10%，全村整体经济较为落后。

2. 官埠桥镇石子岭村

基本情况：由几个小村合并而成，总面积 7 000 余亩，全村 2 332 人，常住人口 700 多人，以妇女、儿童、老年人为主。该村地形地势以坡地为主，常发生水涝灾害，作物以花生、南瓜等为主。

现有产业：集体经济方面，有一个700亩的大洲湖鱼塘，年收入58 000元，但作为生态红线区将被征收建设湿地公园。有花果山猕猴桃基地、桑葚基地，约60亩，但是选品不够科学，雨季长、雨水多，产品产量并不高，收益有限。有几个生态农庄、鱼池紧挨360国道，不成规模。

问：对村里未来的发展您有哪些想法，遇到了哪些困难，有没有解决方案？

答（村支书）：村靠近蕲嘉高速和京港澳高速，交通较为便利，要充分利用地理位置优势发展产业，但是具体引进什么产业还没有找到方向。主要存在以下几个方面的问题：一是土地的处置问题，想将土地集体流转给外来企业，发展产业，但是村民觉得租金太少，经济效益低，抵触流转，得不到民众的支持；二是发展思路问题，村里几乎没有产业，也不知道怎么引进，引进什么产业；三是农田荒置问题，村里大面积农田荒废，农田多用来种树；四是目前村里的基础设施不完善，是制约乡村发展的主要原因之一。

通过案例的对比分析可以发现，无论乡村处于哪一发展阶段，属于哪种发展类型，产业振兴始终是乡村振兴的基础。特别是乡村振兴初期，村干部和村委普遍关心的是产业发展和收入问题。进取型乡村往往具有较好的地理区位和自然资源条件，或通过政府推荐引入，或通过企业考察调研，或通过乡贤能人的资源嫁接，是将第一产业和第二、三产业因地制宜、融合发展的"探路先锋"。探索型乡村在乡村发展方面还没有找准方向、达成共识、形成合力。从乡村发展遇到的困难来看，产业基础和基础设施建设依然是制约乡村发展的主要约束。与此同时，受资源、人才、区位等条件限制，目前调研的乡村主要还处于实现第一产业增值阶段，缺少新兴产业的切入，这也将是下一阶段实现乡村跨越式发展和全面振兴需要努力的方向。

乡村振兴路上，人才是关键。当乡村产业明确发展方向进入下一发展阶段时，乡村发展的人才支撑、文化氛围和生态治理显得尤为重要。在访谈中，白水畈村、杨堡村等几个村的村支书都谈到了教育问题、人才问题、生态治理和文化氛围问题，指出了科学技术、素质教育、文化氛围和好的生态环境在乡村建设发展方面的重要作用。与此同时，在与村干部的访谈中，笔者深刻感受到，村干部"领头雁"作用的有效发挥至关重要。"领头雁"既是乡村治理的重要人才，也是组织振兴的根本保障，是党组织战斗堡垒作用发挥的灵魂人物。没有好的人才支撑和治理能手的带动，即便有好的生态资本和振兴基础，乡村振兴之路也会因缺乏科学规划和统筹思维而进展艰难，这也是有些乡村虽然具有相似的资源禀赋，但是处于不同发展阶段的主要原因。在访谈中，进取型乡村的"领头雁"对村里的基本情况比较清楚，数据掌握翔实，对村产业和集体经济的发展有较为清晰的规划，对面临的困难有一定解决问题的想法和思路。目前，处于发展型阶段的乡村往往与进取型乡村的地理位置较为接近，可能是受进取型乡村示范带动的影响。探索型乡村的未来发展大多还处于摸索阶段，没有形成清晰规划，对未来可培育的产业也还没有进行充分的探究和有效的挖掘，且这些乡村大多还存在地理位置优势不明显、资源相对匮乏、基础设施不完善等问题。有些乡村虽然村干部有了初步思路，但由于没有做好村民的工作，未能形成"众人划桨齐向前"的良好局面。也有一些乡村虽然有一些对未来发展方向的思考，但也会因发展前景的不确定性而产生顾虑，不敢轻易付诸实践，而此时社会资源和政府的积极介入就显得十分重要。

从目前已有的具体实践的农户多维减贫效果来看，产业振兴是实现农民普遍增收的有效途径，人才振兴能显著提升乡村治理人才的能力和水平，生态振兴可有针对性地提高农户的生态资本，文化振兴能有效激发农民的原创性和主观能动性，组织振兴是乡村健康向前发展的政治保障。进取型乡村大多已初步探索出适合本村发展的乡村产业，并通过乡村产业的升级发展和多种经营主体的带动有效帮助农民普遍增收。在发展过程中，这些乡村的基层党组织还特别注重对相对收入较低的农户进行定向指导和帮扶，有效减少了农户之间的收入相对贫困。人才振兴尤其是"领头雁"对乡村的产业发展、农民素养提升和乡村科学治理的作用十分显著，能有效缓解农民的能力相对贫困。村干部的构成主要是党员、退伍军人、能人巧匠和通过"大学生村官计划"选拔出来的大学生村官。在笔者的访谈对象中，不少村干部提到了上级政府组织的技能培训和外出考察，表示这样的培训开阔了视野、激发了动力、促进了交流，能极大缓解他们的"能力恐慌"。同时他们表示，政府及农协对农民开展的各项职业技能培训也能有效提高农户的自主发展能力。生态振兴对乡村的生态环境改善效果明显，可以增加农户的生态资本，特别是对生态资本相对贫瘠的农户改善最为明显。现在村民们常常回忆和怀念曾经的蓝天白云、山清水秀，越来越多的农民愿意加入乡村生态治理的队伍，也十分乐见乡村环境和生活条件的改善。文化振兴能有效激发农民的原创性和主观能动性，产业振兴、能力振兴、生态振兴和组织振兴往往会同步带来农民精神面貌和乡风乡情的持续改善，带动乡村的精神文明建设，促进乡村的振兴发展。组织振兴是乡村健康向前发展的政治保障。唯有党组织立规矩、把方向、树新风，村里的党员干部带领人民群众坚决贯彻落实上级党组织及各级政府的政策路线方针和工作要求，乡村的可持续发展能力才能得到持续提升，村民普遍的发展权利才能得到根本保障。

本章小结

本章选取咸宁市咸安区作为研究对象，梳理其区位特征和国民经济发展基本情况、乡村振兴的基础与短板以及已经开展的具体振兴实践。本章通过对实地调研案例的分析整理，浅析乡村振兴实践对农户多维相对贫困的减贫效果。根据乡村振兴实践发展阶段，笔者将乡村划分为进取型、发展型、探索型三种类型，探究了不同发展阶段的三种类型乡村发展的物质基础、现有产业、未来规划、农户参与方式、具体实践的减贫成效及遇到的困难瓶颈。这些案例是笔者从调研乡村中归类整理的，有一定的特色和代表性。其中，既有在政府、企业、社会各界的帮助和村民的共同努力下发展态势良好的乡村和向先进看齐谋定而后动的进步中的乡村，也有受基础设施不够完善、生态治理及规划不够清晰影响还在摸索中的乡村。从目前已有的具体成效来看，产业振兴是实现农民普遍增收的有效途径，人才振兴能显著提升乡村治理人才的能力和水平，生态振兴可有针对性地提高农户的生态资本，文化振兴能有效激发农民的原创性和主观能动性，组织振兴是乡村健康向前发展的政治保障，能有效缓解农户的收入、能力、生态、文化和发展权利的相对贫困。这些成果的取得是建立在脱贫攻坚阶段打下的坚实基础之上的。持续巩固拓展脱贫攻坚成果，扎实推进乡村振兴战略，是下一阶段农户多维相对贫困问题治理的进阶之路。

第七章 乡村振兴缓解多维相对贫困的战略要点

实施乡村振兴战略，是对我国"三农"工作系列方针政策的继承和发展，是新时代做好"三农"工作的总抓手。2018 年 9 月，中共中央、国务院印发《乡村振兴战略规划（2018—2022 年）》。这是党的十九大确立乡村振兴战略后的第一个国家级乡村振兴五年规划，建立了乡村振兴指标体系，部署了 82 项重大工程、重大计划、重大行动，明确了构建乡村发展新格局、加快农业现代化步伐、发展壮大乡村产业、建设生态宜居的美丽乡村、保障和改善农村民生、健全现代乡村治理体系等阶段性重点任务。乡村振兴战略的总要求是产业兴旺、生态宜居、乡风文明、治理有效、生活富裕。乡村产业振兴、人才振兴、文化振兴、生态振兴、组织振兴的有序推进和乡村振兴总目标的实现，将推动农业全面升级、农村全面进步、农民全面发展，这也是农民收入相对贫困、能力相对贫困、文化相对贫困、生态相对贫困和权利相对贫困问题得到有效缓解和科学治理的过程。这是一条具有中国特色的社会主义乡村振兴道路，一场具有世界借鉴意义的农村人口多维相对贫困问题的减贫实践。

第一节 产业振兴缓解收入相对贫困的战略要点

产业振兴是乡村振兴的基础，乡村要实现全面振兴，首先和关键都是要实现产业振兴。农民要实现共同富裕，首先要摆脱收入相对贫困。习近平总书记在参加十三届全国人大一次会议山东代表团审议时指出，推动乡村产业振兴，要紧紧围绕发展现代农业，围绕农村一、二、三产业融合发展，构建乡村产业体系，实现产业兴旺，把产业发展落到促进农民增收上来，全力以赴消除农村贫困，推动乡村生活富裕。乡村产业振兴的对象是乡村产业。乡村产业的具体内容和形态十分丰富，既包括传统的农业，也包括二、三产业，以及由此衍生的现代产业和新兴产业。农业是乡村产业的基础，小农是中国乡村的生产经营主体。要实现乡村产业振兴，缓解农民的收入相对贫困状况，需要因地制宜培育、壮大乡村多元产业体系和生产经营主体，科学推动小农与现代农业有机结合。

一、因地制宜提质增效，壮大多元乡村产业体系

乡村产业是以农业农村资源为依托，以农民为主体，特色鲜明，业态丰富，与农民利益联结紧密的产业。近年来，随着我国"三农"工作的积极推进，我国乡村产业得到了长足发展，但依然存在产业链条短、融合层次低和技术水平不高等问题。乡村产业发展不够充分以及与二、三产业的融合不够深入等问题，仍然是影响农民增收、造成农民收入相对贫困的重要原因。

产业振兴是乡村振兴的重中之重。习近平总书记指出："产业是发展的根基，产业兴旺，乡亲们收入才能稳定增长。"乡村产业振兴要因地制宜，通过抓基础、抓特色、抓质量、抓效率、抓创新、抓技术等方面来提质增效，通过绿色引领和科技赋能，从现代种养业、乡村特色产业、农产品加工流通业、乡村休闲旅游农业、乡村新型服务业、乡村数字产业、乡村金融产业等方面着手，培育、壮大乡村多元产业体系，优化乡村就业结构，推动乡村一、二、三产业的深度融合，拓宽农民增收渠道。

一是抓基础，做大做强现代种养业。保障粮食和重要农产品稳定安全供给始终是建设农业强国的第一要务，其中耕地和种子更是两个十分关键的要害。种养业是乡村农业发展的基础，也是产业兴旺的根本。通过创新产业组织方式，优化升级种养结构，推动种养业规模化、标准化、品牌化、信息化和绿色化发展，把种养业振兴行动切实抓出成效，不断提高农产品的竞争力和有效收益，做强乡村振兴第一产业基础。二是抓特色，做精乡土特色产业。特色产业是以乡村特定的产业资源为依托的乡村产业振兴"造血红细胞"。瞄准乡村产业发展潜力，因地制宜将自然特色、资源禀赋、风土人文打造成小众类、多样性的"土字号""乡字牌"和"土特产"，赓续我国源远流长的农耕文明，做大乡村经济发展的重要增长极。休闲农业是拓展农业、繁荣农村、富裕农民的新兴产业，是绿水青山给予农民的金山银山，也是推动农村经济发展，带动农民发家致富，推动农村产业结构升级，加强一、二、三产业融合发展的有效渠道。通过加强古村落整治保护、优化田园农业生态综合体建设、吸引资本下乡共建农村体验休闲度假项目等方式，建设一批设施完备、功能多样的休闲观光和康养基地，以乡村特色休闲农业发展促进乡村产业振兴和农民增收。三是抓质量，提升农产品的市场竞争力和可持续发展能力。农产品的质量安全是事关人民生活、社会稳定的大事。为保障农产品质量安全、维护公众健康，2022年9月2日，十三届全国人大常委会第三十六次会议表决通过了新修订的《中华人民共和国农产品质量安全法》，进一步加强农产品的场地、生产、销售等环节的风险防范和监督管理。持续深化农产品质量监管，健全农产品质量安全的追溯和标准体系，控肥、控药、控添加剂，把住农产品生产安全关、存储安全关和销售安全关，提高我国农产品在国际和国内市场的竞争力。四是抓效率，提升农产品加工流通业。加快补齐产地农产品流通基础设施和信息化建设短板，健全完善县乡村三级物流配送体系，建立低碳、低耗、循环、高效的加工流通体系，提升农村农产品流通组织化水平，促进工业品下乡、农产品进城，向效率要效益。五是抓创新，培育乡村新型服务业。乡村服务业主要包括农业生产性服务、农村生活消费性服务和农村公共服务三大方面的内容。乡村产业振兴支持供销、邮政、农业服务公司、农民合作社等开展农资供应、土地托管、代耕代种、统防统治、烘干收储等农业生产性服务，鼓励资本下乡改造农村传统小集市、小门店发展批发零售、养老托幼、环境卫生等农村生活消费性服务，改善卫生、交通、信息等公共设施促进农村公共服务提档升级，这些都对农业农村发展有极大的促进作用，是农民增收和消费升级的重大增长点。六是抓技术，发展乡村数字和金融产业。乡村产业振兴要大力发展乡村数字产业和信息技术，把科技创新和技术发展的红利带进广大乡村，推进"互联网+现代农业、现代金融和数字信息"进村入户，加快重要农产品全产业链大数据、农业金融服务体系和国家数字农业农村系统建设，填补城乡发展的"数字鸿沟"和"金融阻断"。

二、引育并举因势利导，培育多元生产经营主体

乡村要发展，产业是基础。农户要增收，开展有一定收益的生产经营活动是前提。当前，相对单一的产业结构和农业与二、三产业融合度较低等现实困境是制约农业农村实现现代化的主要瓶颈。农民的生产经营行为不能创造高效益的农特产品，有效提升其附加值，也是影响农民增收的主要原因之一。要实现农业高质量发展，实现农村面貌发生根本改变，迫切需要将二、三产业的科学技术和组织方式与生产方式引入农村，嫁接到农业现有的生产体系中，培育新型多元生产经营主体。与此同时，农业是农村的基础和血脉，是国家和人民赖以生存的根本保障，新的经营主体和经营方式不能完全脱离第一产业，不能是城市经营主体的简单转移和复制。第二、三产业经营主体与第一产业经营主体的有效嫁接，必须建立在科学、有序、健康、融合的发展基础上，不能脱离农民的根本利益，不能只是进行简单的产业转移和主体复制，不能建立在农村生态资本的过度消耗上，不能完全剥离于农民原有的生产经营活动。

一、二、三产业融合发展及新型经营主体的培育，要注意处理好小农户与大市场的关系。一、二、三产业的融合发展催生的很多新型经营主体，将在一定程度上对小农带来冲击。要通过新型农业经营主体带动小农与大市场的衔接，充分发挥小农"小而美""小而精"的优势，通过二、三产业提高其产品附加值，将特色的小农乡村产品流通进大市场，搞活农村市场，搞活乡村文化。

一、二、三产业的融合经营主体的发展，要充分发挥供销合作社的综合服务优势。长期以来，供销合作社在农村形成了比较完整的组织体系和经营服务网络，这也是其在现代商业模式竞争中的独特优势。一、二、三产业融合经营主体的发展要充分利用好供销合作社这一巨大优势，一方面充分发挥其在农资供应等方面的组织优势，将产业触角延展到农民，为农民生产生活及其经营活动提供全方位服务；另一方面，也要发挥供销合作社销售渠道广泛的渠道优势，积极介入农产品及二、三产业的资源配置，生产销售和货物流通等环节。此外，各级政府还要特别注重供销合作社的改革和发展，处理好供销合作社的公益性服务和盈利性需求之间的关系，推动供销合作社与新型农业经营主体的有效衔接，发挥其对农业提质提效、对农户促产增收的功能，实现平衡、有序、健康发展。

三、精准聚焦科学施策，推动小农融入现代农业

小农户是乡村发展和治理的基础，也是实施乡村振兴战略的主体。虽然随着中国快速的城镇化进程和农村剩余劳动力转移，以家庭为生产单位的小农户经济被削弱，资本下乡带来的规模化、集约化和专业化农业生产主体在不断挤压小农户的生产空间，但受制于我国自然条件和发展阶段的限制，当前和今后很长一段时期，小农户家庭经营仍将是我国农业的主要经营方式，"大国小农"格局仍将存在。

现代农业赋予了小农户新的发展机遇。在乡村振兴战略和中国农业现代化发展过程中，小农户不仅将作为重要的农业经营方式和农村社会主体存在，而且其与现代农业发展的有机衔接，将成为乡村振兴和中国农业现代化的重要特征。产业振兴要立足"大国小农"的基本国情、农情，加快构建农业新型经营体系，推动小农户和现代农业发展有机衔接。针对小农户急需的农产品收

储、产地初加工、运输物流、网络营销、职业技能培训等服务需求，要通过培育家庭农场、改善生产基础设施、加强技术培训和科技装备配置等，发挥社会化服务组织的特点和优势，因地制宜创新服务模式、拓展服务领域、提高服务质量，提高小农户发展能力。要通过联户经营、联耕联种、组建合伙农场等方式，帮助小农户合理安排生产计划、优化配置生产要素、降低生产经营成本，促进农产品线上线下高效流通。要探索发展由国家投入、社会资本投入和农民合作社、农村集体经济组织以产权合作形成的混合股份合作制经济，以"公司+农户""公司+农民合作社+农户"等多种方式开展联合与合作，引领带动小农户发展现代农业，分享产业链和价值链的增值收益。

第二节　人才振兴缓解能力相对贫困的战略要点

人才是富民之基、发展之源，是经济社会发展的核心竞争力。在参加十三届全国人大一次会议山东代表团审议时，习近平总书记指出：要推动乡村人才振兴，加快培育新型农业经营主体，激励各类人才在农村广阔天地大施所能、大展才华、大显身手，打造一支强大的乡村振兴人才队伍。推动乡村人才振兴，就是要培养造就一支懂农业、爱农村、爱农民的乡村振兴生力军，其中包括农业生产经营人才、农村二、三产业发展人才、乡村公共服务人才、乡村治理人才及农业农村科技人才，为全面推进乡村振兴、加快实现农业农村现代化提供强有力的人才支撑。这些人才，或是工作对象是农村农民，或是工作场景在农业农村，或是生活居住在乡镇农村。一方面，要通过引进和培育两条腿走路，提高实现乡村振兴所需人才的专业知识和工作技能，加强乡村优秀人才的供给，缓解乡村发展面临的人才短缺、人才流失的突出问题。另一方面，要高度重视综合素质教育促进农民的全面发展，提高农民的整体素质，缓解农民能力相对贫困。

一、加强乡村现代治理人才培养，提高农村人口综合素质

未来的现代农业一定是绿色、和谐、开放、共享，人与自然和谐共生的农业，是高度集约、组织化的农业，是工业的价值链、供应链延伸到农村，农业资源禀赋和特色得到充分体现和挖掘的深耕农业。要发展乡村产业，人才要素是最急需也是最有力的支撑，培养一支"懂农业、爱农村、爱农民"的乡村现代治理人才队伍是关键。乡村人才振兴首先要解决的是当前乡村存在的乡村

人力资本短缺、乡贤群体回流难度大、乡村人才培养机制不健全等问题，而乡村"领头雁"的治理能力则至关重要。要加大对乡村人才的培养和引进力度，通过创新方式灵活招录一批、搭建平台柔性引进一批、瞄准需求定向选育一批，打通乡村治理人才进城培训和下乡实践的双向通道，补齐治理人才短板，多举措、全方位培养、引进、使用人才，提高农村治理人才的工作能力和治理水平，全面推进乡村人才振兴。

2020 年，国家统计局公布的我国现有的城镇化率是 63.9%。按照这个比例计算，我国依然有近 5 亿人口生活在农村。在加强乡村治理人才培养的同时，还要重视乡村基础教育中的综合素质教育，实现农民的全面发展和农村人口综合素质的提升。马克思的人的全面发展学说指出，要实现人的全面发展，需要经济社会高质量发展作支撑。只有经济、社会、文化、生态等各领域都实现了高质量发展，才能促进人民全面共享经济社会发展成果。只有在生产力获得极大发展的社会历史条件下，每个人才可能在现实社会中具体地、历史地进行劳动创造，进而实现人的自由而全面的发展（吴向东，2005）。我国社会主义仍然处于并将长期处于社会主义初级阶段，我国乡村社会的全面发展还需要一个过程，农村人口全面能力的发展和综合素质的整体提升还将在较长一段时间受限于乡村社会经济发展水平。现代商品经济和脑体分工的存在既是当代社会的发展需要，也将迫使一部分人特别是体力劳动者牺牲在精神领域的全面发展。要实现乡村社会人的发展与乡村社会发展的统一，消除工作分工和产业发展之间的差异，基础教育和素质教育是关键。要通过提高生产力和发展教育科学文化事业来最大限度满足广大农村人民群众的物质和文化需要，通过大力提高人的素质、加强精神文明建设来促进人们的全面发展，阻断能力贫困的代际传递，农民的能力相对贫困问题才能得到有效解决，乡村的治理才能真正实现现代化。

二、完善新型职业农民选培体系，提高农户自身发展能力

新型职业农民擅抓市场与政策，擅融科技与产业，擅领脱贫与致富，是构建新型农业经营主体的重要组成部分，是发展农业现代化和推动城乡一体化的重要力量。完善新型职业农民选培体系建设，一是把好选拔关。要选拔发掘广大农村用得上、留得住、懂农业、爱农村、有想法、敢创新的人才加入新型职业农民队伍，重点从普通高中、职业高中、技术学校和中等专业学校毕业的农村青年，及具有同等学力的农村基层干部、后备干部、复员或退伍军人、入党积极分子、小微企业骨干、农业科技人员、科技致富能手中选拔。二是把好培

训关。结合重点农产品发展产业制订科学的中长期育人计划，构建分阶段、分类别、分批次的系统培训体系。利用科研院所和产业示范基地完善课程体系建设，充分发挥专家学者、产业带头人、"土秀才"和"田专家"的经验优势，设计课程实用、突出实践的课程体系，结合产业发展、区域特色和市场需求开展专业技能培训。三是把好用人关。对已经通过培训和认定的新型职业农民开展从业培训，分类配备实践指导老师，使之更好地推广应用所学的知识开展实践。对已经从业的新型职业农民开展经常性培训和交流，构建激励评价机制，实施精细化管理，营造好的组织和团队文化，以老带新、以团促建、用育结合。

此外，还要加大新型职业农民发展支持保障。首先，进一步健全培育新型职业农民的政策支撑体系，覆盖选人用人、教育培训、认定管理、政策扶持等环节，加大经费支持和制度保障。政府应加大投入，对新型职业农民培育体系中的涉农院校、农业推广机构和科研院所给予保障支持，鼓励其在市场主体、龙头企业、农业园区落地实训基地和田园学校，加快构建政府、多方资源和市场主体共同参与的新型职业农民培训体系。其次，加大对新型职业农民发展的支持。培训是基础，是新型职业农民更好发展的前提和储备。培训后，农业新技术的使用推广、农民创新项目的落地实施都需要持续的关心和支持。建立跟踪机制，出台配套政策，引导社会资本加入新型职业农民发展"护航"行动，综合运用信贷、保险、税收、养老医疗、职称评定等政策工具，帮助新型职业农民更好地成长发展。再次，因地制宜实施一批重点工程。依托现有的职业教育资源，根据各乡镇资源禀赋和农村产业发展规划，政府出资实施订单式人才培育计划。实施"双导师制"，聘请高等院校专家教授共同组建经济贸易、旅游管理、农村电商、蔬菜种植、绿色食品生产与检测、动物医学、建筑工程与艺术设计等专业的复合型教学团队。推行现代学徒制，邀请农科院、农业龙头企业技术专家和农村技术能手、创业典型走进课堂和实践基地开展理论和实践教学。最后，依托经开区、农业创业孵化器、示范基地建设实施农村"电商人才"孵育计划，设立农村"电商"村级服务站。

三、重视农村专业实用人才培育，提高乡村人力资本水平

当前，农村的人力资本普遍存在文化程度较低、技能培训不足、对教育重视不够以及人口老龄化严重等突出问题。第三次全国农业普查数据显示，我国从事农业生产经营的人员中，有91.8%的人员只有初中或初中以下文化程度，

高中、中专的占比只有 7.1%，大专及以上的仅占比 1.2%。国家统计局公布的第三次全国农业普查数据显示，我国当前农村专业实用人才在乡村就业人员总数中的比例不足 5%，总量不达 1 900 万①。从现有的人才结构看，要实现乡村全面振兴，农村专用实用人才梯队存在专业技术人才短缺、从业人员技能水平有限、复合型创新人才数量较少等问题，无法满足乡村振兴的人才需要。

农村专业实用人才指的是活跃在农业和农村经济发展一线，具有一定的科学文化知识和一技之长，能够为农村教育、医疗、卫生、文化、经济和农业现代化发展作贡献的群体。他们是传播科学文化知识、传承和弘扬乡村文化、带动先进农业技术推广应用和带领农民发家致富的能手，是一支推动农村经济建设和各项事业发展的中坚力量。政府要高度重视农村专业实用人才培育，一方面，农村专业实用人才队伍建设有利于提高农民整体素质，其带来的"虹吸效益"有利于提高农村基本公共服务水平，促进农业农村发展。另一方面，农村专业实用人才队伍建设能有效补齐农村现有人才资源短板。部分农村地区产业发展落后，并不是由于缺少优良品种和先进技术，而是在技术嫁接和成果转化环节缺少专业人才。具体可从以下几个方面着手：

第一，完善制度，加强农村专业实用人才培养的顶层设计。由组织、农业、人事、科技等部门统筹，梳理农村专业实用人才缺口情况，制定中长期农村专业实用人才开发规划，按照不同类型分门别类建立各类乡土人才选拔培育计划及人才备选库，将农村专业实用人才的引进、选拔、培育和有效利用纳入人才工作范围来统筹考虑。

第二，坚持外部输血与自我造血相结合，保证人才供应及时有序。配套政策措施，引进急需又难以自我土壤培育的专业技术领军人才，进行外部输血。对乡村特色发展需要的本土专业人才，如非物质文化遗产传承人、新型农业技术推广员等，实施专项育人计划，挖掘本土农村大学毕业生、复员军人、能工巧匠人才，结合职业教育、网络教育、农民夜校等教学平台进行培育，自我造血。同时，结合乡土人才专业技术职称评定制度、外出交流培训制度，落实有关发展待遇，增强其身份认同感、使命感和责任感。

第三，高度重视乡村教师队伍建设和学前、义务教育工作。实现农村可持续发展，防止贫困代际传递和返贫，都必须高度重视乡村教育工作。乡村教师是农村教育工作的排头兵，对促进教育公平、实现乡村人口素质提升具有十分

---

① 《第三次全国农业普查数据公报》（第五号），国家统计局，2017 年 12 月 16 日。

重要的意义，必须摆在优先发展的战略地位。利用"三支一扶"、特岗教师计划提高乡村教师工作队伍的整体素质和水平，利用共青团寒暑期支教项目开展留守儿童及青少年的素质教育，与职业院校制订开展"一村多名大学生计划"，定向开展农村青年学历教育，提高农村人才的整体素质。

第三节　生态振兴缓解生态相对贫困的战略要点

乡村振兴不仅要发展壮大乡村产业，还要保护和改善农村的生态环境，坚持人与自然和谐共生，建设美丽宜居宜业乡村。乡村生态环境不仅关系着我国的生态安全，影响着乡村的生态经济，也寄托着国民的浓浓乡愁。习近平生态文明思想是实现人与自然和谐共生的科学自然观，是缓解生态相对贫困、推进美丽中国建设、实现乡村生态振兴的方向指引和根本遵循。推动乡村生态振兴，要以习近平生态文明思想为指引，深刻把握生态兴则文明兴的历史观，尊重自然生态演变和经济社会发展规律，提供更多优质生态产品以满足人们日益增长的美好生态环境需要，建设人与自然和谐共生的现代化。要在全社会树立尊重自然、保护自然、顺应自然的生态价值观和生态审美观，构建人与自然共荣共存的生态价值取向和与之相适应的生态文明体系，建设生态环境良好的生态文明国家。要实现乡村生态振兴，必须坚持以习近平生态文明思想为指导，一方面要加强污染防治，改善人居环境，构建生态安全屏障；另一方面，还要拓展培育乡村的生态资本，提高农业资源和生态环境的生态价值，建设宜居宜业的美丽乡村，实现乡村生态振兴，缓解农民的生态相对贫困。

一、加强生态整治，构建生态安全屏障

在新农村建设村容整洁工程的基础上再谈乡村生态振兴，是吹响乡村全面振兴号角后新农村村容建设工程在乡村生态治理的进一步深化实践。乡村内源性生态问题整治，政府是统筹主导，村委会负责落地实施，触发农民的自觉行动。三要素形成工作合力和良性循环，建立健全农村人居环境整治长效机制，实现乡村生态全面振兴。

一是要持续开展村庄清洁行动。首先，建成分级负责、全面覆盖和"户分类、组保洁、村收集、镇转运、市处理"的城乡生活垃圾治理运行体系，治理农业生产废弃物和镇村污水。建立网格式再生资源回收代销点，严格落实垃圾分类，完善城乡垃圾分类再生资源回收体系。加强"厕所革命"与农村

污水治理统筹，形成设施完善、管网配套、在线监测、运行稳定的工作体系。在人口相对集中的村湾建设联户污水处理设施，实现污水治理达标集中排放。在分散农户村组建设单独污水处理设施，实现污水治理达标就近排放。其次，开展农民陋习整治。对农村丧葬陋习进行专项整治，建设村级集体公墓，引导村民进入公墓安葬。加强卫生健康知识宣传教育，推进卫生乡村、卫生乡镇等卫生村镇创建，倡导绿色生产、生活方式。将农村人居环境整治纳入村规民约，实行"门前三包"制度，强化村民自我监督管理。

二是要集中开展重大生态工程。我国是世界上生态环境脆弱性较为明显的国家之一，中度以上生态脆弱区面积占陆地总面积的55%，不少乡村都处于生态极端脆弱区，生态环境十分恶劣。生态振兴要坚持以人民为中心的发展思想，贯彻落实"绿水青山就是金山银山"的理念，充分发挥制度创新动力，充分考虑不同地区生态差异，充分重视生态承载基准底线，合理规划、严格保护和充分利用农村的生态资源，通过整体保护、系统修复、宏观调控、专项治理、合理开发等方式，在巩固拓展污染防治攻坚战和精准脱贫攻坚战成果的基础上，持续推进"厕所革命"、人居环境整治工程、"美丽乡村"建设工程，加快实施重要生态系统保护、重大生态修复工程和乡村清洁能源建设工程。要以村为单位编制精准灭荒时间表、路线图，充分利用农村四旁（村、垸、路、渠旁）资源绿化，加快废弃矿区植被恢复。要支持林业龙头企业采取流转林地开发、股份合作开发、"公司+合作社+农户+基地"的模式开发，建设原料林基地。突出"一村一品""一村一景"，发展"一树主导、多树配置"的乔灌搭配模式，建成一批有鲜明特色的精品村。要坚持适地适树原则，大力推进特色农产业基地建设，提高农林渔牧业产出效益，不断增加农民收入，实现生态建设与产业发展、群众利益协调兼顾。要完善农业补贴和生态补偿机制，建立生态环境资源监测预警机制，严格落实自然保护区、保护地保护制度，健全生态环境保护法律制度和监管体系，构建有利于乡村振兴发展、造福子孙后代的生态安全屏障。

二、培育生态资本，建设宜居宜业乡村

生态资本是能够带来经济和社会效益的生态资源和生态环境，主要包括自然资源总量、环境质量与自净能力、生态系统的使用价值等内容。一方面，要制定高标准的农业生产标准，倡导文明卫生的生活行为规范，落实严格的生态环境保护制度，加强绿色农业标准建设和法律法规约束，守住生态底线；另一方面，要提高绿色金融对农村新兴产业和绿色经济的支持，引导金融资本和社会资源向有发展潜力、有持续生态价值的绿色产业转移，倡导绿色经济助力乡村发展。与此同时，还要特别强调保障农业绿色发展的科技创新体系的有效支撑，开展有前瞻性、有针对性的生态农业科学研究，努力对标农村生态经济科学发展高线。

此外，还要全面推进农业绿色增效。以灌区为单元加强灌溉设施的更新改造和节水灌溉体系建设，推广渠道防渗、管道输水、喷灌、滴灌等节水灌溉技术，逐步实施农业用水精准补贴和农业节水奖励。加强农业投入品规范化管理，健全追溯系统，严肃查处农业投入品和农产品质量安全案件。推广示范商品有机肥、绿肥、秸秆还田等有机养分替代化肥技术模式，实施国家重大病虫防控、绿色防控以及绿色高产高效创建项目等，建立农作物病虫害绿色防控示范区，加快绿色、有机食品生产基地建设，大力发展绿色、有机食品生产基地，提升食品品质，建立规模和质量突出的农产品生产基地。通过以上措施，积极有序拓展培育农村的生态资本，走好绿色、低碳、循环、高效、共享的生态振兴道路，真正实现生态惠民、生态利民、生态为民的目标。

第四节　文化振兴缓解文化相对贫困的战略要点

我们要实现的共同富裕，不仅仅是指经济上的共同富裕，更是精神上的共同富足。乡村振兴不仅要发展壮大乡村产业，提高农民的收入水平和综合素质，还要建设文明乡风，推进与物质文明同步发展的精神文明。乡村文化振兴的对象是乡土文化，即乡村的思维模式、价值观念、生活方式、礼仪风俗和伦理规则，同时也包括千百年来流传至今的物质和非物质文化遗产。在现代文明的冲击下，乡土文明与现代文明的融合是不够的，传统文化在现代文化中的继承和发扬也是不充分的。这种不够和不充分带来了诸多文化冲突和文化资源的流失，也带来了农民文化相对贫困的落后现象。通过优秀传统文化的传承与弘扬，可以建设更加繁荣、更有特色的乡村现代文化。通过文明乡风建设行动，可以构建更加和谐的乡土风情。享受更加丰富的文化活动，是农民合理的文化诉求和权利。加强农民的思想道德建设，能更好巩固党在农村的执政基础。

一、弘扬优秀文化，繁荣乡村现代文明

中华优秀传统文化是中华民族的精神命脉，也是新时代中国特色社会主义文化发展的深厚基础。继承和弘扬中华优秀传统文化，有助于提高我们的文化

软实力，提升人民的民族自信心。《中华人民共和国乡村振兴促进法》强调，要开展新时代文明实践活动，加强农村精神文明建设，不断提高乡村社会文明程度。乡村文化振兴要从保护利用乡村传统文化遗产、深入挖掘优秀农业文化深厚内涵、重塑乡村文化生态体系、着力发展特色文化产业等方面传承和弘扬中华优秀传统文化，繁荣乡村现代文化。通过优秀传统文化与现代文化的有机融合，实现中华优秀传统文化在现代文明中的再创再生，更好融入人类社会的文明进程。

二、建设文明乡风，构建和谐乡土风情

· 乡村要实现全面振兴，既要塑形，更要铸魂。乡村文化振兴就是乡村发展的"铸魂工程"。乡村文化振兴既要在立足乡村本土文化特征、深入挖掘特色文化符号、盘活乡土文化资源的基础上，吸收优秀的城市文明和外来文化，创造性转化、创新性发展，开发传播文明乡风的优质载体，繁荣乡村文化大市场，又要弘扬社会主义核心价值观，开展移风易俗行动，培育乡村优良风尚，改善乡村精神风貌，增强乡民的文化自信和自省，提供丰富的、先进的、文明的精神给养，提高农民的文化综合素质和思想道德品质，重塑乡村美好文化生态和乡村记忆，孕育文明乡风、良好家风、淳朴民风，构建美好和谐乡土风情。

三、丰富文化生活，保障乡民文化权益

参加文化活动、享受文化发展成果是公民最基本的文化权益。党的二十大报告提出"推进文化自信自强，铸就社会主义文化新辉煌"的重大任务，就"繁荣发展文化事业和文化产业"作出部署安排。繁荣发展文化事业和文化产业，最繁重、最艰巨的任务在农村。要通过健全完善乡村公共文化体育设施网络和服务运行机制，开展形式多样的农民群众性文化体育活动、节日民俗活动等繁荣乡村的文化生活。要充分利用广播电视、视听网络和书籍报刊，拓展乡村文化服务渠道，提供接地气、高质量、高水平的公共文化服务，促进乡村现代文明，维护和保障乡民的基本文化权益，让农民在农村也可以享有与世界、与现代、与未来同步的丰富的精神文化生活。

四、拓展发展渠道，探索文化助农兴农

在村容村貌得到干净、整洁、有序的基础改善后，将乡村进一步提升为环境美、风貌优、设施全的提升型和特色鲜明、风格独具、引人入胜的精品型美

丽宜居乡村，是乡村文化振兴的更深层含义。对于中国的广大农村而言，建设生态宜居乡村，让农民过上体面、有品质的田园生活，也是乡村振兴的意义所在。乡村的地理位置不同，振兴路径也有区别。有的村远离城镇，交通不便，完全是传统农村的风貌；有的村靠近城区，交通便利，兼具乡村和城镇的特征；有的村则极具特色，被外来资本和企业进行了集中开发和整体规划。对于一个村庄而言，真实的跨越式发展应当是"总体的、内生的、外延的"三种结合的可持续发展。改革开放四十多年来，中国发生了翻天覆地的变化，面貌发生了根本改变。但是这种改变更多体现在城市，农村的面貌变化与城市相比不大。中国城镇的建设和发展有专门的政府部门的指导，有城市规划部门的科学设计，还有专业设计院的全程参与。这些力量的合成再加上金融支持，中国城市的发展日新月异。如果这些外源性力量持续注入乡村，同样会触发乡村面貌发生根本变化。

引入外源性力量，践行"两山论"和"创新驱动、绿色崛起"战略，把绿色生态、绿色保护、绿色发展作为最宝贵财富、最重大任务和最重要路径，走绿色崛起文化振兴之路。要在发展不平衡不充分的背景下，利用好优美的田园风光，以乡愁引凤回巢，以人居引人落叶归根，复兴农业乡村文明。围绕"大旅游、大健康、大文化"战略部署，以"创新、协调、绿色、开放、共享"新发展理念为统揽，以"转型升级绿色崛起"为主线，优化乡村文化旅游布局，坚持走旅游招商引资发展道路，全力推进文化旅游重点项目建设。实施文化保护利用工程，传承弘扬优秀民俗文化，划定乡村建设的历史文化保护线，保护好名胜古迹和传统村落，利用乡村传统文化，重塑乡村文化生态，发展乡村特色文化产业，将乡村文化资源优势转化成经济优势。推动建设一批特色文化产业乡镇和特色村，通过原住民入驻和旅游开发让原生态古民居活起来，吸引民间资本改善旅游业投资结构，加大文化招商力度，助力现代农业观光区建设，重塑田园文化，以旅游乡建解"乡愁"。打造特色文化产业乡镇、特色村和文化产业群，推进文化旅游产业快速发展。

第五节　组织振兴缓解权利相对贫困的战略要点

乡村要实现全面振兴，农民要摆脱相对贫困，组织振兴是保障。产业振兴提高农民收入需要组织的规模优势，人才振兴提高农民发展能力需要组织去团结凝聚助力乡村发展的有生力量，生态振兴需要组织开展生态修护保护，提高农民的生态外部资本，文化振兴需要组织统筹协调共建乡村美好精神家园。乡村的组织振兴，加强了党对农村发展的全面领导，形成村民自治、村委指导监督的乡村事务共生组织、集体经济和村民合作共赢的经济共生组织，构建党委领导、政府负责、社会协同、公众参与、法治保障的现代乡村治理体制，健全自治、法治、德治相结合的乡村治理体系，提高乡村社会向前发展的组织化水平，保障农民的发展权利，缓解农民的权利相对贫困。

一、坚持党建引领，夯实党组织的战斗堡垒

乡村的基层党组织是乡村开展各项工作的领导核心，为实施乡村振兴战略提供坚强保障和有力支撑。

一是要健全组织，发挥组织的战斗堡垒作用。全面强化农村基层党组织领导核心地位，推进农村党组织标准化、规范化建设，大力整顿软弱涣散村级党组织，有效解决基层党组织覆盖存在空白点和盲点、领导核心作用发挥不充分的问题。同时，将党支部建到产业链，建到农村新型经营主体，在农民专业合作社、专业协会等农村新型经营主体中建立党支部，实现党组织的全覆盖、无盲区。打造"党建引领乡村振兴试验区"，构建组织引领乡村振兴的示范区、样板区。

二是要夯实基础，提升组织力和引领力。坚持标准，从严把关，抓好村"两委"换届工作，"两委"班子的任职人可从村中致富带头人、外出务工经商返乡人员、退伍军人、村级集体经济组织负责人、有志为家乡发展作贡献的知识青年中选拔，调整对村级发展无思路、无举措、无成效的村级干部。加强党员队伍建设，逐步优化党员队伍结构。深入挖掘乡土人才，注重从青年农民、外出务工青年中发展党员。建立动态管理数据库，引导一批有资金、有技术、有觉悟的外出务工人员回村任职，把政治标准放在首位，从外出务工经商创业人员、大学生村官、本村致富能手中选配村党组织书记和村干部。加强培训，每年对村党组织书记集中轮训一次，办好政治课堂、业务课堂、产业课堂、实践课堂和群众课堂。

三是要完善制度，党建引领乡村高质量发展。优化村级工作运行机制。对村级各类制度进行全面梳理整顿，形成自身建设、议事决策、服务群众、监督管理等制度，做到各项工作有章可循。加强村民自治，坚持支部主导，以党员、乡贤为骨干，成立一批乡贤理事会、红白理事会、产业理事会和环境卫生、民事调解、民风民俗等各类群众组织，带领群众制定村规民约，推动移风易俗。提档升级党群服务中心，着力把村党群服务中心打造成"执政阵地、服务平台、精神家园"。发展壮大村级集体经济，全面推进村集体资产清理，坚持把发展壮大村级集体经济纳入区、乡、村基层党建考核和述职评议考核重点内容，集中精力推动发展。

四是加强思想道德建设，巩固党在农村的执政基础。广大的农村是我党思想政治工作的薄弱环节，是文化沙漠地带，也是传教信教的重灾区。十月革命后的俄国就面临着十分严重的"文化贫困"问题，晚年的列宁越来越多地把关注焦点放在了如何摆脱社会主义"文化贫困"的问题上，他明确提出所要抓住的关键是"提出的任务"之大不仅与物质贫困，而且与文化贫困之间的脱节"，主张把发展群众文化放在文化革命的中心地位。列宁把农民问题提高到决定共和国命运的高度，希望通过合作化来加强党对农民的领导，巩固党在农村的根基（张英琇、李健，2019）。当前，中国正处在走向中华民族伟大复兴的历史征程中，面对复杂的意识形态斗争和人民群众日益多元化的价值取向，要高度重视农村的思想道德和文化素质教育，持续开展扫黑除恶行动，消灭侵蚀乡村健康肌体的不良文化病毒和邪恶势力，阻断不良风气和社会陋习在农村的传播，持续巩固党在农村的执政基础。

二、优化公共服务，消除城乡一体化发展壁垒

农村发展落后的原因错综复杂，既有政治因素，也有经济因素、生态因素和社会因素。改革开放以来，国家实施了大量行之有效的"三农"措施，帮助农村面貌发生了根本性改变，农民生活水平大幅提高。为建立独立自主的工业体系，在工业化初期，我们牺牲农民和农村，优先发展工业和城市，这是特殊时期的制度安排和历史需要。现在我国进入了工业化中后期，广大的农村有着很大的发展潜力和迫切的发展需要。长期以来，城乡二元体制造成的城乡割裂，使得大量优质的公共产品和公共服务集中在城市，城乡差距悬殊。要通过乡村振兴战略优化顶层设计，引导全社会将社会事业发展重心向乡村转移，补齐历史欠账和发展短板。要着力优化乡村的公共服务，推进城乡公共服务均等化。要加大反哺力度，坚持共建共创共享发展理念，推进城乡公共服务标准统一、制度并轨。要大力增加对农村公共事业产品和服务的投入，逐步完善农村社区的文教卫生事业，提升农村公共基础设施和公共服务的智能化、现代化水平。要加大制度创新和变革，逐步清除制约城乡一体化发展的制度壁垒，努力破除城乡分割的体制弊端，打通城乡要素双向平等交换的流动通道，让农民享有公平发展和参与市场竞争的机会。要加快实施数字乡村、美丽乡村、现代乡村建设，提高农村居民幸福指数和发展获得感，实现城乡共同富裕。

三、"三治"协同，推动乡村治理体系现代化

乡村是有乡土情怀的故土，有着特有的乡土文化和治理模式。在传统的中国乡土社会，国家对乡村的治理既依靠行政体系，又依托宗族、乡绅乡贤等民间力量。随着农村人口结构的变化和传统乡村文化的解体，现在的乡村治理需要以自治为目标、以德治为保障、以法治为支撑，通过系统思维、精准思维、辩证思维和整体意识，加强系统治理、依法治理、源头治理和综合施策，推动乡村治理体系现代化。村民是乡村的主体，要提高村民主体参与意识，发挥村民自治作用。乡土文化是乡村的道德土壤，要发挥好村规民约和乡贤能人的作用，重建乡土文化和乡村德治，重构乡村社会的价值观。法律是科学治理的根本保障，要加强普法宣传和教育，帮助村民知法懂法守法，让乡村治理在法治轨道上健康发展。

一是要强化法治保障，坚持法治为本。首先，把乡村治理纳入法治轨道，让村民和村干部知法懂法敬法，依章依规办事，推动乡村形成全民自觉守法、遇事找法、解决问题靠法的良好氛围。大力开展普法活动，增强基层干部法治观念，提高农民法治素养。广泛开展"法律进乡村"活动，坚持把全民普法和守法作为依法治乡的基础性工作。切实落实"谁执法，谁普法，谁主管，谁负责"的法治宣传工作责任制，重点加强与农民切身利益和生活相关的土地征收、生态保护、承包地流转、社会救助、劳动社会保障等方面的法律法规的宣传教育，切实提高群众的法律素养。其次，深入开展扫黑除恶专项斗争，深入推进"平安乡村"建设。扫除侵蚀农村基层政权、垄断农村资源、侵吞集体资产的黑恶势力，扫除非法高利放贷、暴力讨债及插手民间纠纷、充当"地下执法队"的黑恶势力，扫除利用家族势力横行乡里、欺压残害百姓的乡霸村霸，扫除强买强卖、收取保护费的市霸行霸，扫除"黄赌毒"等违法犯罪活动的组织者、操控者和经营者。再次，加强信访、综治、维稳力度，强化矛盾纠纷排查化解。加强乡（镇）、村两级人民调解组织建设，构建人民调解、行政调解、司法调解衔接机制，全面推行阳光信访。深入推进重大决策社会稳定风险评估，有效应对突发事件，注重社会矛盾源头的预防化解。

二是要强化德治引领，坚持德治为先。以社会伦理道德规范和社会主义核心价值观为准则，引导乡村社会形成良好风尚。加强农村的社会主义核心价值观宣传教育，指导行政村（社区）结合村情实际制定村规民约和居民公约，赋予村规民约和居民公约现代价值，充分发挥其解决农村矛盾纠纷的独特功能，弘扬公序良俗，促使建立更加契合法治精神和现代治理理念的乡村治理模

式。增强村民遵守村规民约的意识，把遵守村规民约和居民公约作为建设美丽家庭、文明家庭、五星家庭的重要内容，切实增强村民自觉遵守意识。同时，始终重视家庭美德和良好家风的引导、培育，通过文化长廊、文艺队伍等群众喜闻乐见的形式，大力宣传社会主义核心价值观，开展形式多样的家庭美德、社会公德教育，弘扬社会正能量，努力开创家风引领好村风、淳化好民风的社会治理新局面。

三是要强化自治核心，坚持自治为基。健全党支部领导下的议事会决策、村委会执行、监委会监督、经济和社会组织协同参与的社会治理工作机制，充分发挥村民议事会、村务监督委员会、农民合作社等各类村级组织的作用，将群众参与村级社会事务管理的知情权、决策权和监督权等权利落到实处。规范村民委员会等自治组织选举工作，健全民主决策程序。依托村民会议、村民代表会议、乡贤议事会、红白理事会等，形成民事民议、民事民办、民事民管的多层次基层协商格局。深入开展中国特色社会主义和中国梦宣传教育，加强农村思想道德建设，大力培育和弘扬社会主义核心价值观，增强农民的国家意识、法治意识、社会责任意识，加强诚信教育，倡导契约精神、科学精神，提高农民的文明素质和农村社会的文明程度。在村民日常生产生活相关的事务治理上发挥村民自治的作用功效，让村民主动担当、共同参与，实现善治良治。

参考文献

[1] 中共中央党史和文献研究院. 习近平同志论"三农"工作 [M]. 北京：中央文献出版社，2022.

[2] 习近平. 决胜全面建成小康社会 夺取新时代中国特色社会主义伟大胜利：在中国共产党第十九次代表大会上的报告 [M]. 北京：人民出版社，2017.

[3] 习近平. 高举中国特色社会主义伟大旗帜 为全面建设社会主义现代化国家而团结奋斗：在中国共产党第二十次代表大会上的报告 [M]. 北京：人民出版社，2022.

[4] 习近平. 习近平谈治国理政（第一卷）[M]. 北京：外文出版社，2018.

[5] 习近平. 习近平谈治国理政（第四卷）[M]. 北京：外文出版社，2022.

[6] 习近平. 坚持把解决好"三农"问题作为全党工作重中之重，举全党全社会之力推动乡村振兴 [J]. 理论导报，2022（3）.

[7] 全国脱贫攻坚总结表彰大会在京隆重举行 习近平向全国脱贫攻坚楷模荣誉称号获得者等颁奖并发表重要讲话 [J]. 经济管理文摘，2021（5）.

[8] 韩俊. 实施乡村振兴战略五十题 [M]. 北京：人民出版社，2018.

[9] 中国扶贫发展中心组. 脱贫攻坚与乡村振兴衔接：概论 [M]. 北京：人民出版社，2020.

[10] 中国扶贫发展中心组. 脱贫攻坚与乡村振兴衔接：产业 [M]. 北京：人民出版社，2020.

[11] 中国扶贫发展中心组. 脱贫攻坚与乡村振兴衔接：生态 [M]. 北京：人民出版社，2020.

[12] 中国扶贫发展中心组. 脱贫攻坚与乡村振兴衔接：文化 [M]. 北京：人民出版社，2020.

［13］中国扶贫发展中心组.脱贫攻坚与乡村振兴衔接：组织［M］.北京：人民出版社，2020.

［14］中国扶贫发展中心组.脱贫攻坚与乡村振兴衔接：人才［M］.北京：人民出版社，2020.

［15］马克思.资本论［M］.北京：人民出版社，2004.

［16］马克思恩格斯列宁斯大林著作中共中央编译局.马克思恩格斯选集（第4卷）［M］.北京：人民出版社，2004.

［17］雷诺兹.微观经济学［M］.北京：商务印书馆，1993.

［18］阿玛蒂亚·森.贫穷和饥荒：论权利与剥夺［M］.王宇，王文玉，译.北京：商务印书馆，2001.

［19］阿玛蒂亚·森.以自由看待发展［M］.任赜，于真，译.北京：人民教育出版社，2007.

［20］黄承伟，刘欣，周晶.鉴往知来：十八世纪以来国际贫困与反贫困理论评述［M］.南宁：广西人民出版社，2017.

［21］胡鞍钢，李春波.新世纪的新贫困：知识贫困［J］.中国社会科学，2001（3）：70-81.

［22］R.讷克斯.不发达国家的资本形成问题［M］.谨斋，译.北京：商务印书馆，1966.

［23］孙进，等.世界经济学名著速读手册［M］.北京：中国致公出版社，2000.

［24］阿瑟·塞西尔·庇古.福利经济学［M］.金镝，译.北京：华夏出版社，2017.

［25］亚当·斯密.国民财富的性质和原因的研究［M］.郭大力，王亚南，译.北京：商务印书馆，2011.

［26］马歇尔.经济学原理［M］.刘生龙，译.北京：中国社会科学出版社，2008.

［27］约翰·梅纳德·凯恩斯.就业、利息和货币通论［M］.陆梦龙，译.郑州：河南文艺出版社，2016.

［28］吴海涛，丁士军.贫困动态性：理论与实证［M］.武汉：武汉大学出版社，2013.

［29］丁长发.习近平对马克思主义小农经济理论中国化的贡献［J］.福建论坛（人文社会科学版），2017（7）：11-17.

［30］田超伟.马克思恩格斯共同富裕思想及其当代价值［J］.马克思主义研究，2022（1）：81-91.

[31] 周文, 施炫伶. 共同富裕的内涵特征与实践路径 [J]. 政治经济学评论, 2022, 13 (3): 3-23.

[32] 蒋永甫, 张东雁. 自主与嵌入: 乡村振兴战略中基层党组织的行动策略 [J]. 长白学刊, 2019 (1): 1-7.

[33] 罗自刚. 国外乡村振兴: 价值取向与策略选择: 我国实施乡村振兴战略的一个借鉴 [J]. 农业科学研究. 2018, 39 (4): 78-84, 88.

[34] 郭熙保. 论贫困概念的内涵 [J]. 山东社会科学, 2005 (12): 49-54, 19.

[35] 黄承伟. 中国扶贫理论研究论纲 [J]. 华中农业大学学报 (社会科学版), 2020 (2): 1-7, 161.

[36] 贺雪峰. 未来十五年乡村振兴的时空维度、社会条件及预测[J/OL]. 党政研究, 2020(5): 1-4[2020-08-01]. https://doi.org/10.13903/j.cnki.cn51-1575/d.20200601.001.

[37] 吴重庆. 小农户视角下的常态化扶贫与实施乡村振兴战略的衔接 [J]. 马克思主义与现实, 2020 (3): 8-15, 195.

[38] 贺立龙. 乡村振兴的学术脉络与时代逻辑: 一个经济学视角 [J]. 四川大学学报 (哲学社会科学版), 2019 (5): 136-150.

[39] 邓曲恒, 岳希明. 乡村振兴与扶贫攻坚 [J]. 经济学动态, 2019 (6): 92-99.

[40] 廖文梅, 童婷, 胡春晓. 脱贫攻坚与乡村振兴的协同性分析: 以江西为例 [J]. 农林经济管理学报, 2019, 18 (2): 255-265.

[41] 陈美球, 胡春晓. 协同推进脱贫攻坚与乡村振兴的实践与启示: 基于江西三地的调研 [J]. 农林经济管理学报, 2019, 18 (2): 266-272.

[42] 廖彩荣, 郭如良, 尹琴, 等. 协同推进脱贫攻坚与乡村振兴: 保障措施与实施路径 [J]. 农林经济管理学报, 2019, 18 (2): 273-282.

[43] 陈小燕. 多元耦合: 乡村振兴语境下的精准扶贫路径 [J]. 贵州社会科学, 2019 (3): 155-159.

[44] 章文光. 精准扶贫与乡村振兴战略如何有效衔接 [J]. 人民论坛, 2019 (4): 106-107.

[45] 张全红, 李博, 周强. 中国农村的贫困特征与动态转换: 收入贫困和多维贫困的对比分析 [J]. 农业经济问题, 2019 (12): 31-42.

[46] 解垩. 中国多维剥夺与收入贫困 [J]. 中国人口科学, 2020 (6): 87-99.

[47] 周云波, 贺坤. 精准扶贫视角下收入贫困与多维贫困的瞄准性比较 [J]. 财经科学, 2020 (1): 106-119.

[48] 沈茂英, 杨萍. 生态扶贫内涵及其运行模式研究 [J]. 农村经济, 2016 (7): 3-8.

[49] 龙先琼. 关于生态贫困问题的几点理论思考 [J]. 吉首大学学报 (社会科学版), 2019, 40 (3): 108-113.

[50] 张慧芝, 刘月. 滦河流域民族聚居区生态贫困的脱贫路径 [J]. 民族学刊, 2018 (5): 11-17.

[51] 杨定, 杨振山. 高寒地区生态贫困评价及影响因素分析: 以色林错地区为例 [J]. 资源科学, 2021, 43 (2): 293-303.

[52] 陈南岳. 我国农村生态贫困问题研究 [J]. 中国人口·资源与环境, 2003 (4): 42-45.

[53] 韩跃民. 全球生态贫困治理与"中国方案" [J]. 社会科学战线·公共治理研究, 2019 (11): 205-203.

[54] 李双成, 许月卿, 傅小锋. 基于 GIS 和 ANN 的中国区域贫困化空间模拟分析 [J]. 资源科学, 2005, 27 (4): 76-81.

[55] 许月卿, 李双成, 蔡运龙. 基于 GIS 和人工神经网络的区域贫困化空间模拟分析: 以贵州省猫跳河流域为例 [J]. 地理科学进展, 2006, 25 (3): 79-85.

[56] 费孝通. 费孝通文集 [M]. 呼和浩特: 内蒙古人民出版社, 1999.

[57] 刘豪兴. 农村社会学 [M]. 北京: 中国人民大学出版社, 2004.

[58] 贾俊民. 贫困文化: 贫困的贫困 [J]. 社会科学论坛, 1999 (C1): 68-70.

[59] 郭晓君, 刘思. 创新文化贫困与创新效果关系研究 [M]. 北京: 人民出版社, 2007.

[60] 张鑫. 当代中国反文化贫困的挑战、作用与路径 [J]. 重庆科技学院学报 (社会科学版), 2022 (2): 65-71.

[61] 吕世忠. 贫困与文化 [J]. 湖南农机, 2008 (9): 108-109.

[62] 林岚. 农村文化贫困现状及对策: 以罗源县为例 [J]. 商业高等专科学校学报, 2009 (1): 79-82.

[63] 沈成宏. 盐城新农村建设中的文化贫困状况与文化建设构想 [J]. 江苏省社会主义学院学报, 2007 (2): 75-78.

[64] 王林涛. 精准扶贫视阈下农村权利贫困分析 [J]. 浙江金融, 2020 (8): 41-50.

[65] 周明海. 农民权利贫困及其治理：基于阿马蒂亚·森"可行能力"视角的分析 [J]. 甘肃理论学刊, 2009 (5)：78-81.

[66] 世界银行. 1990 年世界发展报告 [R]. 北京：中国财政经济出版社, 1990.

[67] 唐钧. 社会政策的基本目标：从克服贫困到消除社会排斥 [J]. 江苏社会科学, 2002 (3)：41-47.

[68] 迈克尔·谢若登. 资产与穷人：一项新的美国福利政策 [M]. 高鉴国, 译. 北京：商务印书馆, 2005.

[69] 曾群, 魏雁滨. 失业与社会排斥：一个分析框架 [J]. 社会学研究, 2004 (3)：11-20.

[70] 张庆红. 基于能力贫困理论的新疆连片特困地区主要民族多维贫困分析 [J]. 中国农业资源与区划, 2017, 38 (12)：74-80.

[71] 王三秀, 罗力娅. 国外能力贫困理念的演进、理论逻辑及现实启示 [J]. 长白学刊, 2016 (5)：120-126.

[72] 郭宁宁, 钱力. 基于能力贫困视角下安徽省大别山连片特困区多维贫困研究 [J]. 电子科技大学学报 (社科版), 2019, 21 (6)：105-112.

[73] 翟羽佳, 周常春, 车震宇. 能力贫困视域下多维贫困农户能力再造研究 [J]. 统计与决策, 2019, 35 (4)：93-96.

[74] 陈晓洁, 张乐柱. 能力贫困视域下中国农村开发式扶贫绩效测度：基于国家扶贫重点县数据 [J]. 农村金融研究, 2018 (10)：61-65.

[75] 国家统计局. 2021 年农民工监测调查报告[R/OL]. (2022-4-29) [2022-10-10]. http://www.stats.gov.cn/xxgk/sjfb/zxfb2020/202204/t20220429_1830139.html.

[76] 国家统计局. 第三次全国农业普查主要数据[R/OL]. (2017-12-06) [2022-10-10]. http://www.stats.gov.cn/tjsj/tjgb/nypcgb/qgnypcgb/.

[77] 国家统计局. 2021 年国民经济和社会发展统计公报[R/OL]. (2022-02-28) [2022-10-10]. http://www.stats.gov.cn/xxgk/sjfb/zxfb2020/202202/t20220228_1827971.html.

[78] 黄承伟. 巩固拓展脱贫攻坚成果同乡村振兴有效衔接的战略演进逻辑 [J]. 农业经济问题, 2022 (6)：4-11.

[79] 吴向东. 论马克思人的全面发展理论 [J]. 马克思主义研究, 2005 (1)：29-37.

[80] 张明珠, 孟梅, 朱盼, 等. 不同生计策略选择对农户多维贫困的影响研究 [J]. 中国农机化学报, 2022, 43 (8)：238-244.

［81］张文娟，付敏. 中国老年人的多维贫困及其变化趋势［J］. 人口研究，2022，46（4）：55-68.

［82］贺立龙，朱方明，张承文. 巩固脱贫成果的政治经济学解析与多维动态评估：基于秦巴山区和大小凉山地区的抽样调查［J］. 经济评论，2022（4）：94-113.

［83］薛冬娴. 我国多维贫困的测度及影响因素分析［D］. 沈阳：辽宁大学，2022.

［84］王利. 中国农村家庭返贫的测度以及时空演变［D］. 泰安：山东农业大学，2022.

［85］贺坤，周云波，成前. 共同富裕视域下的农民工多维相对贫困研究：基于城-城流动人口的比较分析［J］. 现代财经（天津财经大学学报），2022，42（7）：94-113.

［86］张琼艺，李昆，雍志玮，等. 基于夜光遥感数据的西南地区多维贫困测度及时空演变分析［J］. 自然资源遥感，2022，34（4）：286-298.

［87］王新哲，于天歌，金菲菲. 广西多维相对贫困测度与治理研究［J］. 广西财经学院学报，2022，35（3）：80-90.

［88］沈扬扬，詹鹏，周云波. "共同富裕" 视角下的中国农村多维贫困：来自CHIP2013—2018的证据［J］. 经济科学，2022（3）：35-49.

［89］秦日浩. 进城务工女性多维贫困研究［D］. 石家庄：河北经贸大学，2022.

［90］张文娟，赵立娟，史俊宏，等. 黄河中上游流域城乡居民多维贫困脆弱性及空间集聚研究［J］. 干旱区资源与环境，2022，36（7）：9-15.

［91］朱昌丽. 喀斯特山区多维贫困时空演变及内部耦合机制研究［D］. 贵阳：贵州师范大学，2022.

［92］刘申. 河南省农村老年人多维贫困测度及影响因素分析［D］. 长春：长春工业大学，2022.

［93］吕新博，赵伟. 中国农村动态多维贫困分析：基于CHNS抽样数据的研究［J］. 苏州大学学报（哲学社会科学版），2022，43（3）：126-137.

［94］李春根，陈文美. 共同富裕目标下农村相对贫困家庭多维贫困测度及分解［J］. 当代财经，2022（5）：3-12.

［95］张咏梅，张萌，赵金凯. 后扶贫时代中国多维相对贫困空间分布与影响因素研究［J］. 统计与决策，2022，38（9）：69-73.

[96] 金光照, 陶涛. 老为何所困, 老因何而贫: 新时代老年人口多维贫困及其影响因素研究: 基于 2018 年 CLASS 数据的实证分析 [J]. 人口与发展, 2022, 28 (2): 70-81.

[97] 高明, 李小云, 李鹏. 全面脱贫后农村多维贫困测量研究 [J]. 农村经济, 2021 (7): 34-41.

[98] 方迎风, 周少驰. 多维相对贫困测度研究 [J]. 统计与信息论坛, 2021, 36 (6): 21-30.

[99] 陶婧. 多维贫困视角下农村相对贫困的测度研究 [D]. 南昌: 江西财经大学, 2021.

[100] 董金鹏. 多维视角下我国相对贫困的测度与分析 [D]. 南昌: 江西财经大学, 2021.

[101] 张斌, 武海利, 贾文利. 农村多维相对贫困测度及治理研究 [J]. 北方园艺, 2021 (10): 147-155.

[102] 宋嘉豪. 中国农村留守群体多维相对贫困研究 [D]. 武汉: 中南财经政法大学, 2021.

[103] 程威特. 中国家庭多维相对贫困及其影响因素研究 [D]. 武汉: 中南财经政法大学, 2021.

[104] 程威特, 吴海涛, 江帆. 城乡居民家庭多维相对贫困的测度与分解 [J]. 统计与决策, 2021, 37 (8): 68-72.

[105] 刘玉杰. 多维贫困的空间聚类与相关性研究 [J]. 云南农业大学学报 (社会科学), 2021, 15 (3): 48-54.

[106] 于慧玲. 多维贫困视角下农村相对贫困测度影响因素分析 [D]. 沈阳: 辽宁大学, 2021.

[107] 李剑芳, 朱道才. 大别山连片特困地区农户多维贫困测度及治理研究: 以安徽省 W 县为例 [J]. 南京航空航天大学学报 (社会科学版), 2021, 23 (1): 39-46.

[108] 解垩. 中国多维剥夺与收入贫困 [J]. 中国人口科学, 2020 (6): 87-99, 128.

[109] 陈宗胜, 黄云, 周云波. 多维贫困理论及测度方法在中国的应用研究与治理实践 [J]. 国外社会科学, 2020 (6): 15-34.

[110] 姚树洁, 张璇玥. 中国农村持续性多维贫困特征及成因: 基于能力"剥夺—阻断"框架的实证分析 [J]. 中国人口科学, 2020 (4): 31-45, 126.

[111] 张璇玥, 姚树洁. 2010—2018年中国农村多维贫困: 分布与特征 [J]. 农业经济问题, 2020 (7): 80-93.

[112] 张金萍, 林丹, 周向丽, 等. 海南省农村多维贫困及影响因素的空间分异 [J]. 地理科学进展, 2020, 39 (6): 1013-1023.

[113] 徐延辉, 黄云凌. 社区能力建设与反贫困实践: 以英国 "社区复兴运动" 为例 [J]. 社会科学战线. 2013 (4): 204-210.

[114] 高若晨, 陈基平, 赵楠. 我国农村多维贫困状况的内生动力研究 [J]. 统计与决策, 2020, 36 (9): 76-79.

[115] 刘建, 江水法. 相对贫困治理: 文献综述与研究展望 [J]. 内蒙古农业大学学报 (社会科学版), 2021, 23 (5): 20-27.

[116] 韩广福, 辛远. 相对贫困视角下中国农村贫困治理的变迁与发展 [J], 中国农业大学学报 (社会科学版), 2020, 37 (6): 50-60.

[117] 张咏梅, 张萌. 后扶贫时代中国多维相对贫困空间分布与影响因素研究 [J]. 统计与决策, 2000, 9 (13): 69-73.

[118] 檀学文. 走向共同富裕的解决相对贫困思路研究 [J]. 中国农村经济, 2020 (6): 21-36.

[119] 孙久文, 张倩. 2020年后我国相对贫困标准: 经验实践与理论构建 [J]. 新疆师范大学学报 (哲学社会科学版), 2021 (4): 1-13.

[120] 王小林. 贫困测量: 理论与方法 [M]. 北京: 社会科学文献出版社, 2017.

[121] 胡世文, 曹亚雄. 脱贫人口返贫风险监测: 机制设置、维度聚焦与实现路径 [J]. 西北农林科技大学学报 (社会科学版), 2021, 21 (1): 29-38.

[122] 吴高辉, 岳经纶. 面向2020年后的中国贫困治理: 一个基于国际贫困理论与中国扶贫实践的分析框架 [J]. 中国公共政策评论, 2020, 16 (1): 1-29.

[123] 郑瑞强, 郭如良. 双循环" 格局下脱贫攻坚与乡村振兴有效衔接的进路研究 [J]. 华中农业大学学报 (社会科学版), 2021 (3): 19-29, 183.

[124] 张军. 乡村价值定位与乡村振兴 [J]. 中国农村经济, 2018 (1): 1-10.

[125] 苏毅清. 农村一二三产业融合发展: 理论探讨、现状分析与对策建议 [J]. 中国软科学, 2016 (8): 17-28.

[126] 陈秋分, 王国刚, 孙炜琳. 乡村振兴战略中的农业地位与农业发展 [J]. 农业经济问题, 2018 (1): 20-26.

[127] 吴忠权. 基于乡村振兴的人力资本开发新要求与路径创新 [J]. 理论与改革, 2018 (6): 44-52.

[128] 杨亚琼. 新乡贤文化推动乡村振兴下的困境和路径研究 [J]. 管理观察, 2019 (18): 55-57.

[129] 高峰. 乡村振兴战略下农村职业教育发展现状及应对策略 [J]. 职教论坛, 2019 (4): 135-138.

[130] 杨大蓉. 乡村振兴战略视野下苏州区域公共品牌重构策略研究: 以苏州为例 [J]. 中国农业资源与规划, 2019, 40 (3): 198-204.

[131] 李重, 林中伟. 乡村文化振兴的核心内涵、基本矛盾与破解之道 [J]. 北京工业大学学报 (社会科学版), 2022, 22 (6): 39-48.

[132] 张新江. 文化艺术助力乡村振兴的对策和有效路径研究 [J]. 音乐创作, 2018 (12): 148-150.

[133] 方坤, 秦红增. 乡村振兴进程中的文化自信: 内在理路与行动策略 [J]. 广西民族大学学报 (哲学社会科学版), 2019, 41 (2): 41-48.

[134] 裴宗飞. 推进乡村生态振兴与农业绿色发展的探索 [J]. 现代农业研究, 2022, 28 (7): 53-55.

[135] 刘镇玮. 乡村振兴之生态振兴: 内生逻辑、关键环节与实践向度 [J]. 山东农业大学学报 (社会科学版), 2021, 23 (2): 134-138.

[136] 朱新山. 试论传统乡村社会结构及其解体 [J]. 上海大学学报 (社会科学版), 2010, 17 (5): 36-42.

[137] 刘启英. 乡村振兴背景下原子化村庄公共事务的治理困境与应对策略 [J]. 云南社会科学, 2019 (3): 141-147.

[138] 汪俊玲. 乡村振兴离不开农村基层党组织的引领 [J]. 红旗文稿, 2018 (15): 31-32.

[139] 金京淑. 日本推行农业环境政策的措施及启示 [J]. 现代日本经济, 2010 (5): 60-64.

[140] 朴春兰. 韩国的新村运动及启示 [J]. 经济研究导刊, 2015 (12): 282-283.

[141] 张天佐. 新一轮欧盟共同农业政策改革的特点与启示: 基于比利时和德国的考察 [J]. 世界农业, 2017 (1): 18-26.

[142] 罗自刚. 国外乡村振兴: 价值取向与策略选择: 我国实施乡村振兴战略的一个借鉴 [J]. 农业科学研究, 2018, 39 (4): 78-84, 88.

[143] 李智永. 乡村振兴与长效扶贫机制衔接的路径探析 [J]. 领导科学, 2019 (22): 110-113.

［144］凌经球. 乡村振兴战略背景下中国贫困治理战略转型探析［J］. 中央民族大学学报（哲学社会科学版），2019，46（3）：5-14.

［145］韩婷. 乡村振兴背景下多维贫困识别及减贫策略研究［D］. 延边：延边大学，2020.

［146］何登录. 乡村振兴与农村相对贫困治理协同推进：基于新内生式发展理论［J］. 创新，2022，16（6）：63-74.

［147］康晗. 乡村振兴战略视野下相对贫困治理的逻辑与机制：以河北为例［J］. 四川农业大学学报，2022，40（6）：966-972.

［148］张雅新. 乡村振兴背景下农村相对贫困治理的实然症结与应然进路［J］. 湖北经济学院学报（人文社会科学版），2023，20（2）：31-34.

［149］高峰. 产业融合视角下咸宁市三大产业发展研究［J］. 湖北经济学院学报（人文社会科学版），2018，15（2）：32-34.

［150］万龙. 温泉旅游产业可持续发展能力研究：以湖北咸宁市温泉旅游为例［D］. 武汉：中南财经政法大学，2014.

［151］许慧卿. 咸宁市特色小城镇旅游发展路径研究［J］. 湖北科技学院学报，2016（7）：1-4.

［152］熊伟. 咸宁市苎麻产业化发展规划研究［J］. 湖北农业科学，2018（9）：128-131.

［153］郑丽. 咸宁市柑橘产业发展现状及对策［J］. 湖北农业科学，2018（9）：19-21.

［154］郑猛. 咸宁市潜山国家森林公园森林资源特色及发展对策［J］. 中南林业调查规划，2017（11）：10-13.

［155］KLASEN S. Measuring poverty and deprivation in South Africa［J］. The Review of Income and Wealth，2000，46（1）：33-58.

［156］MAHADEVAN R，HOANG V. The nexus between poverty and deprivation in vietnam［J］. Journal of Policy Mod-eling，2016，38（2）：290-303.

［157］EDWARD C. Banfield. The unheavenly city revisited［M］. Little，Brown，1974.

［158］UNDP. Human development report 1996［R］. New York：Oxford University Press，1996.

［159］UNDP. Human development report 1997［R］. New York：Oxford University Press，1997.

［160］UNDP. Human development report 2003［R］. New York：Oxford University Press，2003.

[161] BENJAMIN SEEBOHM ROWNTREE. Poverty: a study of town life [M]. Lodon: B. Seebohm Rowntree Press, 1901.

[162] ROWNTREE. Poverty: a study of town life [M]. New York: The Macmillan Company, Seebohm, 1901.

[163] MORRIS M D. Measuring the conditions of the world's poor: the physical quality of life [M]. Oxford: Pergamon Press, 1979.

[164] MURPHY P E, STAPLES W A. A modernized family life cycle [J]. Journal of Consumer Research, 1979, 6 (1): 12-22.

[165] ROWNTREE B S. Poverty: a study of town life [J]. Charity Organisation Review, 1902, 11 (65): 260-266.

[166] OPPENHEIM C, HARKER L. Poverty: the facts [M]. London: CPAG, 1993.

[167] TOWNSEND P. The meaning of poverty [J]. The British Journal of Sociology, 1962, 13 (3): 210-227.

[168] FUCHS V. Redefining poverty and redistributing income [J]. The Public Interest, 1967, 8: 88.

[169] SEN AP. An ordinal approach to measurement [J]. Econometrica, 1976, 44 (2): 219-231.

[170] SEN A. A sociological approach to the measurement of poverty: a reply to Professor Peter Townsend [J]. Oxford Economic Papers, 1985, 37 (4): 669-676.

[171] TOWNSEND P. A sociological approach to the measurement of poverty a rejoinder to Professor Amartya Sen [J]. Oxford Economic Papers, 1985, 37 (4): 659-668.

[172] TOWNSEND P. Measuring poverty [J]. The British Journal of Sociology, 1954, 5 (2): 130-137.

[173] SAMUEL, POPKIN. The rational peasant: the political economy of rural society in vietnam [M]. US: The University of California, 1979.